PRINCIPE UNIQUE

de la Philosophie et de la Science

d'Extrême-Orient

PRINCIPE UNIQUE

de la Philosophie et de la Science

d'Extrême-Orient

par

Georges OHSAWA

(Nyoiti SAKURAZAWA)

Préface de MM. S. ELISSÉEV et R. GROUSSET

_____

Deuxième édition corrigée

PARIS

LIBRAIRIE PHILOSOPHIQUE J. VRIN

6, Place de la Sorbonne, Vᵉ

2015

© Librairie Philosophique J. VRIN, 1989, 1999

Imprimé en France

ISBN 978-2-7116-4131-4

www.vrin.fr

PRÉFACE

La philosophie japonaise actuelle qui compte
une pléiade de maîtres illustres, est malheureusement jusqu'ici presque inconnue en Europe. Il faut
savoir gré à M. Sakurazawa de nous faciliter l'ac-
cès en nous en offrant aujourd'hui une notion au-
thentique en même temps qu'il nous livre les grandes lignes de son système personnel.

M. Sakurazawa, qui est un esprit singulière-
ment vigoureux, a été frappé par la parenté spirituelle et le parallélisme des conceptions philosophiques générales de l'Inde bouddhique et de la
Chine antique. Non certes que, comme on l'avait
un moment supposé en Europe, il y ait eu influence historique du bouddhisme primitif sur le
néo-taoïsme; le croire serait revenir aux vieilles
polémiques des sectes chinoises sur la procession
du Bouddha et de Lao-tseu. Mais il est certain
que les grands problèmes métaphysiques et cos-
mologiques furent, des deux côtés, envisagés sous
un angle assez analogue, et ces affinités seront
particulièrement sensibles si on confronte les philosophies de l'Extrême-Orient et les systèmes Occidentaux.

Nourris presque tous, fût-ce à leur insu, de
conceptions platoniciennes, aristotéliciennes et
chrétiennes, les systèmes occidentaux, jusqu'au
tout dernier temps, furent des ontologies, puis des

critiques de cette même ontologie, critique attes-
tant, malgré leur opposition aux données tradi-
tionnelles, une accoutumance innée à ces mêmes
enseignements. Au contraire — et c'est là la cons-
tatation frappante de M. Sakurazawa — les sys-
tèmes extrême-orientaux en général reposent sur
la notion, non plus de l'être, non plus de la subs-
tance originelle, mais de la vacuité primitive.
Toute la philosophie bouddhique est, en effet, con-
struite sur cette notion de la çûnyatâ que MM.
Sylvain-Lévi, La Vallée Poussin et Masson Our-
sel traduisent par vacuité. Vacuité qui d'ailleurs
n'est pas l'équivalent du néant, puisque les Mâ-
dhyamikas eux-mêmes prendront soin de nous
la donner comme supérieure à l'être comme au
non-être et les englobant tous deux. C'est ce que
M. Susumu Yamaguchi spécifiera en traduisant
la çûnyatâ par « vacuité de substance », tandis que
M. Stcherbatsky ira jusqu'à la donner comme
équivalent d' « universal relativity ». Au bref,
une vacuité métaphysique qui contient la virtua-
lité de tout le phénoménal.

Or c'est une notion analogue que M. Sakura-
zawa retrouve dans les anciens systèmes chinois.
Dès les premières pages le Tao-tô-king nous don-
nera l'antique tao comme un vide, un abîme, un
inconcevable. La notion chinoise de hiu rejoint
ici l'indienne çûnyatâ. C'est cette même concep-
tion qui trouvera son exposé classique sous la
plume du philosophe Tchou Hi, l'auteur du syn-
crétisme médiéval classique. A l'origine des cho-
ses Tchou Hi place le Wou-ki que l'on a traduit
par erreur par « absolue non être », mais qui
représente en réalité, comme le çûnya indien, la
vacuité initiale qui est virtualité universelle. De
ce Wou-ki en effet, par une évolution logique et
ontologique continue, le t'ai-ki (en japonais Tai-

kyoku) l'être pur, raison des choses qu'il émet et réabsorbe tour à tour. De même le çûnya du bouddhisme mahayanique a pour revers la chaîne phénoménale du pratîtya-samutpâda, la production en relativité qui crée tout le jeu de l'univers phénoménal. (1)

Cette production du monde hors de la vacuité originelle, les anciens philosophes chinois ont essayé d'en saisir la loi qui est l'alternance et l'enchaînement réciproque des deux contraires, Yin et Yang (en japonais In·et Yo). C'est par leur opposition que le Yin et le Yang se posent, s'appellent, se conditionnent, s'engendrent et, en une suite de combinaisons de complexité croissante, créent l'univers.

Or ces principes fondamentaux de la pensée d'Extrême-Orient, communs depuis longtemps aux divers systèmes, M. Sakurazawa nous invite à les comparer aux dernières données de la science moderne. A notre grande surprise, il y a concordance. L'atome une fois dissocié, l'ancienne entité matière une fois résolue en tourbillons électriques, c'est bien la çunyatâ et le wou-ki, l'éther vacuitaire qui se trouve à l'origine de tout. Mais voici qu'aussitôt que posé, cet éther oppose ses valeurs électriques positives et négatives, créatrices d'un noyau positif et d'électrons négatifs dont la gravitation aggloméra la matière concrète et créera l'univers. N'est-ce pas la confirmation inattendue de l'opposition, de l'attraction et de la collaboration intime et cons-

---

(1) Observons d'ailleurs que cette distinction de Wou-ki et de T'ai-ki, ainsi présentée comme les moments différents d'un même principe, ne se rapporte qu'au système, assez tardif, de Tchou Hi. Mais M. Sakurazawa, remontant aux sources de cette philosophie, assimile nettement Wou·ki à T'ai-ki.

*tante du yin et du yang ? Et cette même loi mys-
térieuse des deux principes, ne la retrouvons-nous
pas à la base de la chimie jusque dans le rôle res-
pectif des alcalins et des acides, à la base même
de la génération dans la différenciation, la collaboration et la fécondité des sexes ?*

*On voit tout l'intérêt des problèmes posés par
M. Sakurazawa. D'antiques données orientales
qui, hier encore, passaient pour des rêveries dé-
suètes reprennent une valeur singulière actuelle
depuis que les dernières découvertes de nos labo-
ratoires leur apportent une confirmation inattendue. A cet égard le système de M. Sakurazawa ne
se présente pas seulement comme une synthèse
des anciennes philosophies indiennes et chinoises,
dans leurs conclusions communes, mais comme
une synthèse encore plus vaste, celle de la sagesse
orientale et de la science occidentale, réconciliées
et concordantes.*

Serge Elisséev et René Grousset.

INTRODUCTION

C'est une audace singulière que vouloir offrir aux Occidentaux une clef de la philosophie et de la science d'Extrême-Orient, clef qui peut ouvrir aussi la porte hermétiquement close de la « Mentalité Primitive ». Cette clef est « la loi universelle », « le principe unique » de la philosophie et de la science anciennes Chinoises, vieilles de plus de cinquante siècles.

L'Orient est tout occupé aujourd'hui de l'importation de la civilisation, de la philosophie et de la science éclatantes de l'Occident. Mais peu de personnes là-bas s'intéressent sérieusement à la philosophie et à la science anciennes. Tout le monde sait très bien que l'I-king (L'Energétique) et le Ni-king (le Canon de Houang-ti) sont les sources les plus certaines. Mais personne ne s'occupe de ces livres préhistoriques (voir p. 36) trop connus, avec un esprit philosophique et scientifique modernes. Quelques médecins japonais s'intéressent un peu au Canon très superficiellement mais non à l'I-king, et d'ailleurs en tant que « médecins » ; quelques philosophes japonais lisent l'I-king, mais jamais le Canon, et en tant que « philosophes ». Or, la philosophie ancienne s'appuie seulement sur la science ; et la médecine ancienne dépend entièrement et uniquement de la philosophie. Il est presque impossible de comprendre l'une ou l'autre sans avoir étudié profondément les idées fondamentales anciennes, la théorie des deux activités In et Yo.

J'appellerai In'yologie cet ensemble. L'In'yologie est la philosophie la plus positive d'Extrême-Orient. Elle comprend toute la science. Je crois qu'elle permet le mieux aux Occidentaux de comprendre le bouddhisme, et ensuite toute la philosophie plus profonde d'Extrême-Orient où toutes les sciences pratiques de la vie, la médecine, la biologie, l'économie, la sociologie, par exemple, se trouvent extraordinairement synthétisées et d'une manière harmonieuse.

— La philosophie d'Extrême-Orient existait-elle, ou existe-t-elle ? me demande-t-on.

« Oui, et non. »

Si la philosophie moderne d'Occident, celle de Kant par exemple, a comme but le terme « se connaître soi-même », les Orientaux avaient et ont quelque chose d'analogue, tout au moins jusque-là. Mais ce n'est pas tout ; la philosophie d'Extrême-Orient dépasse ce but. Elle est aussi une étude approfondie, délicate et très complexe de la théorie de la connaissance comme celle de Kant, de plus elle est pratique, facile à comprendre et à observer par tout le monde. Elle dépasse la limite de la simple connaissance de soi. Elle est une culture pratique à la fois éthique, scientifique et esthétique.

Mais il y est interdit d'analyser et de reconstruire la connaissance fondamentale d'aucune manière. La vérité, la beauté et le bien ne sont qu'une connaissance de la loi unique. Ils sont « plusieurs égaux à un ». Ils ne doivent pas être considérés indépendamment, même en imagination. On ne peut pas avoir la conception parfaite de la loi universelle en la synthétisant par morceaux. Le « fleuve » ne peut pas être reformé quand bien même on amasserait toutes les gouttes d'eau qui le forment apparemment. Au lieu d'analyser, on doit, en Orient, élargir de plus en plus la synthèse, unifiant sans cesse toute la connaissance, et on doit surtout la pratiquer dans la vie quotidienne.

Lao-tseu dit : « Sans pratique, aucune vertu ».

La philosophie ancienne chinoise et de tout l'Extrême-Orient comprend une théorie de la connaissance et son application à la vie pratique.

— La science d'Extrême-Orient existait-elle, ou existe-t-elle ? me demande-t-on.

« Oui, et non ».

La science occidentale a pour but la connaissance parfaite de l'ordre chronologique des phénomènes pour en profiter. Elle est active et positive. La science orientale est au contraire négative et passive. Elle n'a pas pour but la connaissance parfaite de la loi de l'ordre, elle l'a comme point de départ. C'est dire qu'elle ne fait pas de recherches, elle n'en a aucun besoin; mais elle s'efforce dans la pratique de vivre, d'utiliser la connaissance parfaite consentie par la philosophie. Elle est fidèle et obéissante à sa reine, la philosophie.

D'après A. Comte, la connaissance humaine s'est développée à partir de l'étape de la théologie jusqu'au positivisme en passant par la métaphysique. En Orient, il me semble, c'est l'inverse. Elle s'est développée de la science positive à la Divinité, en passant par la métaphysique. Elle aboutit à la fin à la connaissance parfaite du principe unique le plus élevé.

En Orient, la science a été gouvernée parfaitement par la philosophie depuis son origine. Le sage, l'homme parfait, le philosophe était celui qui arrivait à la connaissance complète du principe unique qui gouverne la causalité de tous les phénomènes de l'univers.

La science ancienne de l'Orient explique le

système de l'univers et tous les phénomènes qui s'y produisent par la loi in'yologique, un peu comme la physique moderne par la théorie atomique. De même, la théorie de Lavoisier, en chimie, a son équivalent dans la loi « Musyônin » qui dit exactement la même chose sur la matière.

Mais l'emploi de la science était strictement limité par la philosophie. On pourrait dire que la science était l'échafaudage du grand édifice philosophique; elle n'avait plus de raison d'être lorsque celui-ci fut édifié.

Mais si nous supposons supprimées absolument toutes ces différences entre les philosophies occidentale et orientale, d'une part, et entre la science moderne et l'ancienne, d'autre part, il en subsiste encore une très grande. C'est le fait que la philosophie et la science ne font qu'un en Orient; la philosophie est le seul fruit de la science; elle est la reine attendue pour gouverner toute la science pour toujours, dès sa naissance. Les recherches scientifiques synthétiques des anciens Orientaux aboutirent à la connaissance parfaite qui leur permit de comprendre la nature intime de tous les phénomènes. C'est la connaissance absolue devant laquelle le temps et l'espace n'existent plus.

C'est la loi sublime unique qui explique le passé et l'avenir comme le présent; l'invisible comme le visible; l'impondérable comme le pondérable; ce qui n'est pas saisissable par l'ouïe comme ce qui l'est; le monde minéral comme le monde organique. Même si elle était un système simpliste d'une imagination trop naïve, nous devrions la respecter dans sa théorie et l'étudier sérieusement pour y trouver quelques parcelles intéressantes au moins au point de vue historique.

L'In'yologie, c'est-à-dire la philosophie et la science unifiées, fut inventée par les anciens empereurs chinois. Les activités In et Yo que la philosophie nous donne comme unités constituant tous les phénomènes s'assimilent l'une l'autre, et représentent alors presque « υλη » du physiologiste Du Bois-Reymond. Mais l'In'yologie nous présente, de plus, ce qui produit « υλη ». Nous l'examinerons plus tard.

Tout ce que j'ai dit jusqu'ici concerne principalement la Chine ancienne. Je veux m'occuper seulement de l'esprit de l'Extrême-Orient dans sa formation à travers la philosophie et la science, depuis son origine préhistorique jusqu'au V⁰ siècle avant J.-C., c'est-à-dire jusqu'à l'époque où Confucius, Lao-Tseu et Çakya commencèrent à éclairer le monde entier. Après cette époque, il n'y eut rien d'intéressant, au point de vue particulier de la philosophie et de la science d'Extrême-Orient, parce que la philosophie et la science étaient déjà perfectionnées complètement avant cette époque ; la suite de l'histoire ne nous rapporte que des discussions de détail subtiles et inutiles dues à la compréhension superficielle ou erronée du principe fondamental. C'est la marche lente de la décadence en Chine, aux Indes et au Japon.

Depuis il n'y eut aucun renouvellement dans l'In'yologie. Seuls s'en occupent aujourd'hui les devins et les sorciers. Les savants l'ont abandonnée et la méconnaissent. On a perdu sa vraie signification, si pratique à l'origine. Elle est tout à fait voilée par ses énormes difficultés symboliques. Si elle n'est pas complètement perdue, c'est grâce à sa simplicité curieuse et au fait que Confucius l'étudia, d'après l'I-king, durant ses vingt dernières années.

Le grand bouddhisme, Mahâyâna, est disparu en Chine et aux Indes ; et l'In'yologie partout. Tel est l'état présent de la philosophie d'Extrême-Orient.

Peut-elle pousser un nouveau germe ou est-ce la chute spirituelle finale des peuples orientaux ?

Pour comprendre le principe unique de la philosophie et de la science chinoises, on doit bien noter que la mentalité orientale se retrouve partout à l'antipode de celle d'Occident. Ainsi :

1. — La philosophie est négative (par opposition à positive), au moins au premier abord. Elle est au-dessus de la subjectivité et de l'objectivité.

2. — Ni la religion, ni la philosophie, ni la science n'exigent une propagande quelconque ; au contraire elles veulent le secret. « Cacher la vérité », dit le sage.

3. — Le véritable enseignement traditionnel n'a pas pour objet les connaissances extérieures et matérielles. Il veut seulement nous enseigner la petitesse et l'ignorance de nous-même et développer au plus haut point pratiquement « l'instinct-intuition » (voir la théorie de la connaissance).

4. — La logique dans la vie quotidienne est l'inverse de celle d'Occident. Le moindre exemple le prouve. On mentionne pour une adresse dans l'ordre suivant : le pays, la ville, la rue, le numéro, le nom du destinataire.

Le syllogisme diffère aussi.

Et dans la vie quotidienne, on supprime toujours la majeure et la mineure ; on n'exprime que la conclusion. Si l'on dit à un ouvrier ignorant de Tokio : « Vous êtes mortel, parce que... ». — « Bérabo-mé ! » (Vous êtes idiot !), reprendra-t-il avant que l'on puisse finir la phrase. Le raisonnement est insupportable, trop lourd pour les Orientaux à cause de l'enseignement intuitif traditionnel. C'est pourquoi les Japonais sont peu adroits dans la diplomatie internationale. Le raisonnement ordinaire est d'ailleurs méprisé par la tradition, à fortiori les raisonnements scientifiques analytiques. On doit exprimer seulement la conclusion par des mots précis et aussi peu nombreux que possible. Dans mes études occidentales pendant ces deux dernières années, la plus grande difficulté pour moi a été d'acquérir l'habitude de l'expression occidentale. J'exprimais toujours et seulement la conclusion; cela paraissait tout d'abord incompréhensible, puis ennuyeux et étrange à mon professeur de français.

5. — Notre conversation sans raisonnement paraît mystérieuse aux Occidentaux. Un exemple :

Çakya-Bouddha montra un jour une fleur à ses disciples qui l'entouraient : « Je vous cède aujourd'hui tout le secret de notre philosophie, le voici ! », dit-il. Personne ne le comprenait. Un seul disciple sourit en le regardant.

« Tu m'as compris. Je te permets de prêcher dès maintenant à ma place », dit-il. Bouddha même ne voulait pas tenter d'explication détaillée.

6. — On aime la simplification. Par exemple, en bouddhisme, on a donc systématisé toute la philosophie du bouddhisme que traitent des livres innombrables dans ces 600 volumes de « Mahâ prajna pâramitâ hridaya sûtrâ » (voir l'appendice II), qui sont condensés à leur tour dans deux centaines de mots; et ceux-ci sont encore condensés à leur tour dans une mantara (maître-mots) de 17 ou 18 syllabes, qu'on a traduite enfin en une appellation de 7 ou 3 syllabes, et même en un mot d'une syllabe : « Aum » ou « Om ». L'esprit de la philosophie se montre le mieux dans la forme la plus simple; les mots masquent le véritable esprit.

Le secret de la philosophie et de la science chinoises est aussi condensé en deux mots : « In, Yo », la théorie du monisme-polarisable que j'explique dans le chapitre II.

On ne doit donc jamais traduire le secret de la philosophie et de la science d'Extrême-Orient dans une forme analytique. Mais j'ai violé le premier la tradition. Le principe unique lui-même n'a jamais été exposé explicitement. De l'antiquité à nos jours, aucun livre ni document n'exprime les douze propositions de la loi unique; je les ai présentées exprès pour les Occidentaux. C'est un procédé inadmissible selon la tradition. Je ne les montrerai pas à mes élèves orientaux.

Non seulement j'ai expliqué la loi unique d'une manière plus ou moins moderne, mais je l'ai développée jusqu'à la théorie de l'être et la théorie de la connaissance; et de plus j'ai été aussi amené sans le vouloir à montrer quelques applications dans les sciences particulières. Ce sont là des péchés énormes. Tout est expliqué, jusqu'à un point inexcusable.

Pourtant cela paraît encore insaisissable aux Occidentaux, sans doute. Quelques savants occidentaux me demandent déjà une explication plus détaillée, des tableaux, la classification complète des aliments, des produits, des végétaux, des animaux, etc., selon l'In'yologie. Nous possédons de tels tableaux complets: l'Encyclopédie Médicale, que Li Che-tchen publia en 1578 après y avoir consacré vingt-six ans. Mais un tel répertoire n'est pas très pratique à cause de la caractérisation essentiellement relative et mobile. On le saisira bien par la suite.

Je dirais qu'on doit s'efforcer de saisir le principe unique de la philosophie et de la science d'Extrême-Orient sans le décomposer par l'analyse. Il faut en comprendre la souplesse parfaitement pour savoir l'appliquer à toute science moderne. Pour atteindre ce sommet de compréhension, il n'y a, je pense, qu'un seul sentier, la réflexion constante et approfondie. On doit abandonner cet exposé trop détaillé après l'avoir bien compris, pour en méditer la substance à tout moment, pour le lire dans les phénomènes quotidiens. (Prendre des notes est même méprisé en Orient dans l'enseignement de toute science et de toute philosophie in'yologiques ou traditionnelles.)

La théorie du monisme-polarisable de l'In'yologie a un mécanisme organique, invisible pour les chercheurs analytiques. Elle est semblable à la « flèche qui vole », insaisissable pour ceux qui veulent la saisir par l'analyse; lorsqu'on la saisit, elle n'est plus la flèche qui vole; lorsqu'on la regarde comme un mouvement abstrait, la flèche n'existe plus.

CHRONOLOGIE

J'avoue que je ne suis pas intéressé par la question chronologique, parce que je sais que l'esprit oriental n'est pas apte à une question de cet ordre qui exige une haute précision. Les Orientaux ne peuvent que présenter tous les matériaux possibles de la tradition sans aucune explication exagérée.

La chronologie traditionnelle que presque tous les savants orientaux d'aujourd'hui acceptent est la suivante : Fou-hi, 2910 av. J.-C.; Sin-Wong, 2780; Houang-ti, 2640; Iu (Ou), 2200; Tcheou-Kong, 1100; Confucius, 552-479; Çakya, 564-484.

Mais quelques savants ne l'acceptent pas. Les uns remontent l'époque de Fou-hi jusqu'à 8.000 ans avant J.-C. Les autres nient complètement l'histoire de tous les augustes. Mon maître, M. Nisibata, par exemple, n'accepte pas l'histoire de Houang-ti. Il croit que le Canon de l'empereur Houang-ti fut écrit au cours du Ier et IIe siècle avant J.-C. par un écrivain inconnu. Je ne peux

pas encore publier ma propre chronologie. Je ne
connais rien de la chronologie chinoise établie par
les savants occidentaux. Ayant été occupé par les
sciences physiques et naturelles depuis mon arrivée
en France, je n'ai pas encore lu les sinologues
français. J'ai feuilleté seulement la Science
chinoise (Livre VI de la *Science Orientale dans
l'Antiquité*, de M. le Prof. A. Rey) et je l'ai
trouvée précise.

Ma chronologie est peu précise et a deux bases :
la première est biologique; la deuxième est une
philologie biologique générale, qui doit non seulement définir l'étymologie de la langue chinoise et
surtout japonaise, mais être une contribution
fondamentale à la philologie générale. La première
partie est déjà terminée; j'ai trouvé des particularités biologiques très remarquables : tous les
augustes, tous les empereurs et tous les philosophes
anciens étaient incapables d'apercevoir les radiations inférieures à 4900 λ, ou peut-être à 4400 λ,
ils étaient tous daltoniens pour le bleu ou pour
l'indigo et le violet; ils avaient un plus grand
nombre de dents que l'homme d'aujourd'hui; leur
respiration et leurs pulsations étaient extrêmement
moins intenses, etc. J'ai déduit de ces particularités
et de leur disparition quelque chose de nouveau
au point de vue chronologique. J'attendrai
quelques années pour publier mes conclusions.

J'ai d'ailleurs depuis longtemps une idée assez
enfantine que les Chinois préhistoriques, au moins
sous le règne des trois augustes, habitaient des pays
tout autres que la Chine d'aujourd'hui.

Les éclipses solaires à l'époque de Hia, observées
par les Chinois à l'observatoire de Fong, devaient,
d'après les calculs de Gaubil, se produire en pleine
nuit en ce lieu (voir *La Science Orientale*, de M. le
Prof. A. Rey). Les témoins qui les décrivent

n'habitaient donc pas la Chine d'aujourd'hui. Ce fait nous permet de supposer que l'observatoire était situé peut-être à 70 ou 80 degrés de longitude ouest. On sait que les peuples qui émigrent emportent toujours les noms des lieux natals.

D'autre part, je veux obtenir la permission de consulter et de copier si possible le Canon de l'empereur Houang-ti dans l'édition la plus ancienne sinon originaire qui n'existe plus en Chine, mais qui est conservée comme trésor national au Ninnazi, temple de Kyôto. Si on pouvait de plus retrouver les vieux livres que l'expédition de l'empereur Tsin-chi-hoang apporta au Japon avant le feu de l'an 213 avant J.-C., la chronologie serait éclairée merveilleusement.

CHAPITRE PREMIER

CHAPITRE PREMIER

Origine de la Philosophie et de la Science Chinoises

1. – Le chef philosophe

Reconnaître l'esprit particulier des peuples orientaux au point de vue purement philosophique, psychologique et scientifique dans leur origine et dans leur développement, c'est le but de cet exposé.

Remontons à quelques milliers d'années.

Un des peuples nomades primitifs, qui vagabondaient sur tout le continent d'Asie, s'installa à une époque inconnue sur le plateau de la Chine centrale. Le plateau est vaste, nu, désert, ondulé de collines et de coteaux, se fondant à l'horizon avec le ciel. Les hameaux sont dispersés de-ci de-là.

Le soleil tombe au loin dans les plaines hautes.

Un homme sort d'une des huttes dans le hameau central. Son nom est Fou-hi, c'est le chef des peuples. Sa taille est massive, solide, gigantesque comme une statue taillée en quelques coups de ciseau, simples et vigoureux, avec une exactitude merveilleuse; ses cheveux tombent sur le dos, sa longue barbe est toute noire, son nez est haut, ses yeux sont grands, brillants et pénétrants.

Il marche d'un pas allongé, solide et élastique, avec la vigueur d'un jeune homme. Il gagne une terrasse qui domine tout le plateau jusqu'aux champs les plus lointains. Le vent a cessé sur les maïs, d'où monte la lune jaune et grande.

Le chef contemple le ciel, où les étoiles sont déjà apparues. C'est son habitude depuis plusieurs dizaines d'années. La nuit avance...

Son âge est déjà au moins de quatre-vingts ans. Dans sa jeunesse, il était le guerrier le plus vigoureux, le travailleur le plus infatigable. Il lutta contre des difficultés innombrables : guerres extérieures, luttes intérieures, famines, grands froids, etc., et il réussit à les surmonter en dirigeant ses peuples. Sa bonne mémoire et son intelligence lui permettaient de diriger l'agriculture, l'élevage et les autres industries primitives de ses peuples. Il savait tous les besoins de leur vie. Tous lui obéissaient spontanément avec respect et même avec plaisir. Plus tard, devenu chef, tout le monde fut heureux sous son règne, la paix fleurissait ; c'était un âge d'or. Il put consacrer son temps à la contemplation et à la réflexion sur tous les phénomènes de la terre et de l'univers.

Il édifia l'astronomie. Il synthétisa toutes les connaissances héréditaires accumulées de générations en générations. Il avait un nombre assez important de collaborateurs et d'assistants qui s'occupaient de recherches philosophiques et scientifiques sous sa direction.

Ils cherchaient d'abord la cause de chaque phénomène, ce qui les dirigeait ensuite dans les recherches sur la cause ultime de tous ; ils la cherchaient à tous les niveaux, durant des années. Ils analysaient tout, critiquaient et examinaient toutes les conséquences obtenues, minutieusement. Leurs méthodes étaient assez grossières dans leur expérimentation, mais ils les vérifiaient très soigneusement, et enfin en déduisaient une cause fondamentale ; ils groupaient les causes diverses ainsi obtenues, et poursuivaient leur induction jusqu'à la fin. D'autre part, ils cherchaient par

l'intuition la cause essentielle, et par la méditation orientale,s'efforçaient dans une synthèse universelle. Ainsi, le chef put arriver enfin un jour
à la découverte de la cause ultime, unique et
simple.

L'alternance de la lumière et de l'obscurité fut
considérée tout d'abord. L'une était bienfaitrice
de l'humanité, l'autre son ennemie. Ce va-et-vient
(l'origine de toute la vibration) régulier qui nous
fait travailler, qui nous repose, qui fait pousser les
feuilles au printemps et les fait tomber en automne,
était bien le phénomène fondamental. Le même
va-et-vient, la même opposition furent découverts
dans toute la nature. Le jour finit, la nuit ne tarde
pas à tomber. Avant que la nuit parte, le jour est
déjà préparé. Le jour, c'est donc le commencement
de la nuit. Rien n'est donc fini, toutes les choses
sont en évolution, dépendantes et liées. La naissance est déjà le germe de la mort.

L'extérieur physique de notre existence et l'intérieur spirituel de notre vie n'était autre chose qu'un
exemple de cette opposition-oscillation universelle.
On gravit la montagne et on y trouve la raison qui
distingue la plaine; la mer et la terre; l'animal
et le végétal, l'inorganique et l'organique; le feu
et l'eau; la chaleur et le froid, etc...

Le chef philosophe caractérisa ces innombrables
opposés deux à deux en deux catégories. Dans la
première se rencontrent les propriétés relatives
suivantes : clarté, solidité, élasticité, résistance,
compression, chaleur, lourdeur. Dans la deuxième :
obscurité, souplesse, douceur, liquidité, fragilité,
expansibilité, froid... Il fut bientôt amené, toujours par l'intuition pure, à les traduire par leurs
activités beaucoup moins nombreuses, savoir :
constriction, pesanteur, force centripète, d'une
part; dilatation, force d'ascension, force centri-

fuge, d'autre part. Il nomma les premières activités « *Yo* », et les deuxièmes « *In* ».

Il ne cessait pas sa contemplation.

C'est peut-être un soir de ces jours-là que nous l'avons vu sortir de sa hutte et gagner la terrasse. Il continuait sa contemplation profonde. Vers minuit, deux ou trois ombres d'hommes de taille massive, portant des fagots énormes, apparurent sur la même terrasse. C'étaient ses collaborateurs-assistants venus pour faire du feu pour leur maître. Le feu brilla et éclaira le maître et ses disciples fidèles et braves. Le maître adora le feu tout d'abord, puis tous s'assirent auprès. Ils ne causaient pas, mais continuaient leur contemplation en regardant la flamme. La nuit avançait... La clarté de lune éclairait tout le plateau comme une brume bleuâtre. Le chef regardait le feu attentivement comme s'il y lisait quelque chose. Tout à coup, il fit un signe de tête et dit : « Yo attire In, In attire Yo. »

C'était la loi longtemps recherchée par le chef. Il expliquait lentement et longuement d'une voix grave :

« Le feu, c'est évidemment Yo, et il a et il doit avoir alors ces caractères : constricteur, gravité et force centripète. En effet, il les possède. Mais l'air, l'atmosphère étant In, comme notre intuition le saisit, par sa fraîcheur, par sa dilatation, par son mouvement excentrique, est tout opposé au feu Yo. Ces contraires ne peuvent pas ne pas s'attirer. Le feu étant beaucoup moins puissant et petit vis-à-vis de l'air, qui est infiniment vaste, est attiré vers le haut. Voilà pourquoi le feu monte. Une activité attire toujours l'activité contraire, comme se suivent attirés l'un par l'autre le jour et la nuit, comme la femme attire l'homme. Le feu s'en va dans l'air; cela jusqu'à ce que toute sa chaleur se transforme enfin en froid. Yo produit In; In produit Yo.

Par son intuition et par sa réflexion approfondie appliquées à la vibration universelle, à l'oscillation perpétuelle des deux activités, il comprit nécessairement que tout est en mouvement, sans cesse et éternellement et que ce mouvement lui-même varie avec le temps d'une manière exacte et régulière. Rien n'est en repos en l'univers.

Il pénétra profondément dans l'obscurité elle-même par la contemplation. Enfin il trouva que cette obscurité était pleine de substance dont la nature n'était comparable à rien dans le monde éclairé, mais qu'elle possédait une activité particulière produisant le mouvement, et que cette activité elle-même devait être produite par deux activités opposées qui s'attiraient, comme le montrent tous les phénomènes du monde; elles étaient la cause ultime de ces derniers.

Il poussa plus loin sa méditation, mais n'expliqua que jusqu'ici, et il désigna ce qu'il sentait dans la profondeur de son travail métaphysique par le mot « Taikyoku » que je traduis, non pas littéralement, mais philosophiquement par la « nature intime » ou « l'univers-éther-prépolarisation ». Il désigne ce qui constitue l'univers tout entier et par conséquent tous les êtres. Ce n'est pas l'obscurité elle-même, mais c'est ce qui la produit. « Taikyoku » est saisissable seulement, pour nous autres, dans ses deux manifestations selon les activités In et Yo dans leurs agrégats multiples. En d'autres termes, la nature intime se manifeste par les activités In et Yo. On ne peut saisir l'univers-éther avant sa polarisation que par l'intuition; aucun mot ne peut le traduire.

Le sage jugea inutile que l'homme pénètre davantage dans les recherches, puisque le principe

de deux activités suffit à expliquer le monde à tous
ses niveaux. Il n'inventa donc aucun symbole pour
traduire Taikyoku, mais il symbolisa la première
activité Yo, le point de départ positif de notre
monde, par un bâton quadrangulaire, pour donner
une idée concrète à ses disciples et pour faciliter
l'enseignement.

« Taikyoku produit un », disait-il.

Quoique « un » symbolise la première activité
Yo, il ne faut pas le considérer comme le nombre
« 1 » arithmétique. Le nombre, qui est peut-être
la première invention scientifique de l'humanité,
avait une signification extraordinairement profonde dans l'antiquité, surtout en Chine. Le
nombre 7, par exemple, est considéré comme un
nombre Yo, et ses multiples positifs ont des signifi-
cations particulières. Dans plusieurs domaines, en
physiologie, par exemple. ce nombre est très
important. L'âge de 7 ans distingue les garçons des
filles. Leurs différences physiologiques commencent
à s'accentuer. Dès lors ils sont séparés rigoureusement jusqu'au mariage. Cette séparation prépare
la communion la plus solide entre les deux sexes.
Elle augmente d'année en année la charge positive, activité Yo chez les garçons, et la charge
négative, activité In chez les filles. A l'âge de 14
(7 × 2) ans, les menstruations apparaissent; c'est
la troisième période physiologique. A chacune des
suivantes apparaît un phénomène physiologique
plus ou moins remarquable; en particulier, la
courbe des pulsations d'un individu en fonction de
l'âge le montre nettement. A l'âge de 49 (7^2) ans,
les menstruations cessent.

Je n'explique pas ici pourquoi 7 est si important,
et pourquoi il est le nombre-père de 5, 6 et 12
(5, 7 et leur addition 12 sont la base de la poésie :
Haiku, Waka ou Alexandrine, et de la musique :

gamme de cinq sons chinois, gamme occidentale.
Le spectre de sept couleurs est aussi de la catégorie In).

« Un » produit « deux », continue le sage. Ici,
nous entendons par « deux » les deux activités
In et Yo; c'est la polarisation de l'univers-éther.
Elles donnent naissance à tous les êtres vivants et
inertes. Nous traduisons par « trois » tous les êtres
possibles, nous avons alors : « Un produit deux,
les deux produisent les trois; les trois se manifestent comme tous les êtres possibles ».

Cette dernière phrase est celle que Lao-Tseu
aimait tant.

On voit dans cet énoncé la théorie du monisme-
polarisable et la théorie de l'évolution de l'univers
et des êtres. La théorie d'In'yo n'est pas un dua-
lisme ordinaire, parce qu'il n'y a aucun être, ni
aucun phénomène purement In ou Yo; tous sont
des manifestations très variées des combinaisons
de ces deux activités. La théorie de l'évolution qui
en découle est bien différente de celle de Darwin.
S'il y a des parentés entre les êtres biologiques au
niveau de cellules ou en ce qui concerne la fonction
des organes, cela prouve que la force motrice
fondamentale est unique; le principe de la vie, en
effet, est unique; c'est l'oscillation des activités In
et Yo dans des proportions variables infiniment. Si
la vie est la manifestation des deux activités
fondamentales et universelles, elle peut se produire
à tous les niveaux, soit dans la profondeur de la
mer, soit sur un plateau très élevé, nécessairement
sous des formes différentes selon le milieu et le
temps, parce que l'être est le milieu transformé,
l'être n'existant jamais indépendamment du milieu.
L'être vivant (ainsi que l'être inerte) peut avoir
autant d'origines et même plus que les espèces, les
conditions des milieux étant infinies en réalité.

Le chef philosophe symbolisa In et Yo par trois bâtons quadrangulaires de même taille ; au milieu de chacun il cisela une encoche de largeur égale à l'épaisseur du bâton et de profondeur deux fois moindre. Un côté du bâton est plan intact, c'est le symbole de Yo, compact, solide, contracté. Celui-ci retourné montre la face dont le milieu creusé symbolise In, séparé, dilaté, relâché, vide. Yo et In ne sont que « deux » faces de « un » bâton (Taikyoku). Lorsque Yo se manifeste, In dessous attend son tour à tout instant. La polarisation et l'antagonisme entre Yo et In (d'où la rotation et la vibration fondamentales de tous les systèmes) sont traduits merveilleusement par ce bâton carré. Je l'appellerai « Bâton de Logos ».

Deux bâtons de Logos disposés en croix, Yo sur In, forment une croix qui n'est d'aucun côté ni Yo ni In. C'est la communion entre Yo et In ; c'est le symbole secret du bouddhisme et des sectes diverses, des écoles diverses de l'enseignement traditionnel esthétique, le secret de l'école d'escrime de Musasi ; et enfin le talisman de diverses superstitions. C'est le symbole de l'harmonie gracieuse entre l'homme et la femme, de l'équilibre dynamique suprême entre les activités Yo et In. Le Swastika du bouddhisme est une variation de ce symbole. Cette croix philosophique est la base de tous les symboles sacrés, tels que les octants et les deux octants juxtaposés, modifiés en pétales de fleurs ou en dessins géométriques.

Avec ces trois bâtons de logos, le sage traduisit tous les phénomènes fondamentaux de l'univers : l'astronomie, la météorologie, la physique de l'eau, la chimie du feu, la vie et la mort, tous les événements sociaux et individuels, l'agriculture et la morale à enseigner à ses peuples. On peut imaginer son enseignement.

Il prend d'abord un bâton et le pose à plat dans la position de Yo ———— : « C'est le symbole de la terre. Contemplons-la : elle est Yo ici, c'est dire que l'activité, la vigueur la couvrent tout entière. Regardez, tout est actif, tout est vif, tout est plein de force. »

Ceci dit, il place un autre bâton Yo parallèlement au premier : ════ , et il continue : « Le deuxième symbolise le soleil. C'est le soleil d'été ; il est plein d'activité Yo. Il nous envoie plus de lumière et plus de chaleur.

Ces deux bâtons représentent ainsi le ciel Yo et la terre Yo ; ce symbole s'appelle « Grand Yo ». Le soleil soit loué ! il est la force, il est lumière qui nous protège, qui nous donne tous les produits des champs, des fleuves et de la montagne. Le soleil est vraiment la source de Yo ; il est Yo de Yo. Ainsi, ces deux bâtons nous montrent l'univers en été, où le soleil Yo de Yo nous envoie plus de chaleur, où la terre est pleine d'activité Yo, si vive partout. Tout cela nous montre ce que nous, fils du Ciel et de la Terre, devons accomplir : c'est le travail ! C'est notre reconnaissance envers le ciel et la terre. Travaillons afin d'être toujours en bon accord avec ces puissances, sinon, voyez, voyons bien, à l'envers de ce « Grand Yo », déjà la Grande In (symbole de l'hiver ══ ══) est préparée, où tout est inerte, tout est froid et glacé : c'est la mort qui y règne. Travaillons. L'été, c'est l'époque d'activité. Celui qui travaille est heureux. Nos félicitations au ciel, nos félicitations à la terre. N'oublions pas que l'hiver est déjà tout prêt dans l'autre moitié du monde. Jeunes gens, c'est votre temps, travaillez vigoureusement comme toujours ; alors vous aurez de belles récoltes. Vieillards, travaillez comme les jeunes hommes, dirigez-les ; vous obtiendrez un bon repos dans la saison suivante. »

Le philosophe retourne le bâton du haut. On obtient un autre symbole : ≡≡. Il désigne que la chaleur du soleil diminue. L'équinoxe d'automne est passé; on sent la fraîcheur de l'air. L'automne, la décadence de la vie, la mort bientôt approchent.

Il nomma ce symbole « Petite In » : le temps passe sans le moindre arrêt... Le chef tourne l'autre Yo : ≡≡ Voilà l'hiver. C'est le temps du repos. Il faut être très prudent. C'est le temps de « Grande In ». Le monde est tout couvert de mélancolie. Tout est immobilisé. Mais le temps passe sans cesse. L'équinoxe du printemps, le voici. Le bâton en haut se retourne : ≡≡ . C'est le printemps. La chaleur du soleil augmente de jour en jour. La neige fond sur les montagnes. Les fleuves montent, les herbes poussent, la pluie est fine et douce... C'est le « Petit Yo » qui précède l'été.

Ainsi le chef enseignait le cycle de l'univers par quatre permutations de deux bâtons carrés. Il ajouta un autre bâton; avec ces trois bâtons, il trouva huit permutations.

Il continuait son enseignement; ses ordres mélangés de prophéties devenaient solennels et mystiques pour les peuples, qui obéissaient tous fidèlement. S'il déclarait la guerre contre un barbare, son armée était victorieuse; s'il ordonnait de conserver la récolte, la famine était proche; s'il faisait réparer le talus, l'inondation arrivait.

Il traitait dans son enseignement non seulement tous les phénomènes naturels, mais ceux de la vie sociale, familiale et individuelle, toujours par le même principe, la vicissitude et l'oscillation de deux activités. Je dois donner ici une faible esquisse de la philosophie de ces trois bâtons de Logos :

Les trois bâtons sacrés représentent l'univers tout entier. Le premier bâton (celui qu'on place en haut) représente le Ciel, c'est-à-dire l'état astronomique et météorologique, ou le climat, dans un cas général. Le troisième (placé en bas) représente la Terre, l'état géographique, économique, etc. Le deuxième (celui qui se trouve au milieu), représente tout ce que produisent le ciel et la terre ; les êtres et les phénomènes terrestres et universels. Le premier bâton se nomme le « Ciel » ; le deuxième, l' « Humanité » (représentant tous les êtres) ; le troisième, la « Terre ».

La première permutation est obtenue en mettant les trois bâtons en position Yo : ≡≡≡ . Cette permutation s'appelle « Ken », où le Ciel, l'Humanité et la Terre, tous sont Yo ; elle désigne la plénitude, la force, le maximum de l'énergie, la richesse, la fonction merveilleuse, le bon équilibre, l'évolution magnifique de la grande nature de l'univers. Ainsi Ken traduit la paix, si l'on considère, par exemple, la politique. Dans des questions agricoles elle désigne une bonne marche des travaux et prédit une récolte abondante, parce que le temps (le Ciel) est beau et normal, l'homme (l'Humanité) travaille de toutes ses forces et la Terre représente les champs bien labourés, bien irrigués.

L'inverse de Ken, nommé « Kon », représente aussi un bon équilibre ≡≡≡ . Si l'on oppose Ken à Kon au point de vue cosmologique, Ken désigne le ciel et Kon la terre. Dans un sens sexuel, ils sont mâle et femelle. En biologie ancienne, ils représentent l'animal et le végétal. Ils sont père et mère, terre et mer. En orientation, Ken est nord-ouest, en Chine par exemple, et Kon la direction opposée ; ceci est valable seulement en Chine centrale où au nord-ouest se trouvent les montagnes

les plus élevées (solide, sec, contracté et ferme),
tandis que le sud-est est ouvert, bas et se fond dans
la mer (molle, humide, dilatée). Ken concentre
par son activité Yo, force constrictrice, la vapeur
de l'air et l'envoie à Kon (l'eau) ; Kon la reçoit,
la dilate par sa propre activité In, l'envoie dans
l'air par sa force d'ascension centrifuge et la livre
à la force centripète-constrictrice des montagnes
Ken ; le cycle se ferme. Le même cycle tourne entre
l'homme et la femme : l'homme absorbe tout ce
qui est In, et le condense, le purifie pour en obtenir
l'essence, le sperme, accumulation d'activité In,
c'est-à-dire l'origine du sexe féminin (voir plus
loin la parthénogenèse) ; la femme absorbe tout ce
qui est Yo dans son milieu, le condense, le purifie
pour former l'ovule Yo, c'est-à-dire le germe mas-
culin (voir la Biologie in'yologique). L'animal se
nourrit de végétal et se décompose en minéral à
un moment donné ; le végétal se nourrit de minéral
et grandit par sa force particulière, dilatatrice. Le
mâle féconde et la femelle élève. L'homme compose
et la femme décompose ; ils sont antagonistes,
ennemis, mais dépendants, indispensables l'un à
l'autre.

■■■ est considéré comme un *symbole Yo*, parce
que la minorité y est représentée par Yo ; c'est
toujours la minorité qui gouverne à tous les niveaux
des phénomènes. Il représente, par exemple, un
état politique sociologique, où un sage gouverne
toutes les âmes aveugles. La paix y règne. Le Ciel
et la Terre y sont In, mornes, doux et étendus,
mais les êtres, l'humanité, sont en pleine activité
(Yo) ; c'est un peuple bien discipliné ; c'est un pays
bien cultivé. S'il s'agit d'un homme, c'est un
individu bien développé ; il est doux socialement,
extérieurement, parce qu'il est entouré et enve-
loppé par des éléments doux In, mais il est très
fort au fond. S'il s'agit d'un élément ou d'une

substance, c'est l'eau, par exemple, qui obéit à tout, qui s'adapte à toute forme de récipient, qui est tranquille et modeste, mais qui supporte une pression extraordinaire; qui creuse des rochers massifs pour gagner son but, la mer. « L'eau est humble; elle descend aux pieds de tous, elle écoute tout le monde, elle s'humilie pour tous, elle pénètre dans tout et elle traverse tout, rien ne peut l'empêcher, et par conséquent elle comprend tout, elle nourrit tout, elle unifie tout. Les rois, les administrateurs doivent posséder les qualités que nous montre l'eau dans sa nature », dit le sage.

Le philosophe nomma ce symbole « Kan », qui désigne « l'Eau », la tendance infinie à la modestie; le « destin plein de difficultés » infinies comme celui de l'eau.

Je dois m'arrêter ici dans cette explication superficielle. J'énumérerai simplement toutes les permutations avec leurs noms :

≡≡≡ « *Ken* » : le Ciel, le Soleil, la Santé, l'Evolution saine et splendide, le Grand Effort; (le père, le cheval, la pierre précieuse, la force).

≡≡ « *Sin* » : la Vibration, la Secousse, l'Electricité, le Tonnerre, le Mouvement, la Révolution imminente, le Dragon, le Séisme, la Civilisation (le fils aîné du père Ken et de la mère Kon).

≡≡ « *Kan* » : la Chute, l'Eau, la Vertu, la Traversée, la Communication, le Transport, la Pénétration (le second fils).

≡≡ « *Gon* » : la Montagne, la Tranquillité, l'Arrêt, la Pause (tous les êtres sont ici terrassés ou gouvernés par la Force, l'Autorité), (le troisième fils).

☷ « *Kon* » : la Terre, l'Amour maternel,
l'Obéissance absolue, la Vertu fémi-
nine, la Gloire de la femme, l'Humilité.

☴ « *Son* » : le Vent (In est caché au fond),
l'Introduction, l'Entrée secrète (la
fille aînée).

☲ « *Ri* » : le Feu, l'Activité, la Beauté
(deux Yo tendent les mains vers une
In ; une fille entre deux hommes ; la
scène passionnelle) ; la Sagesse, la
Clarté (la seconde fille).

☱ « *Da* » : le Lac, l'Etang (une In domine
deux Yo. Elle rit dans le ravissement
de la joie), la Satisfaction, l'Etang
qui rit en rides charmantes (la fille
cadette).

Il faudrait plusieurs volumes pour expliquer
tous les symboles dans leur esprit. C'est pour les
Occidentaux et pour les Orientaux modernes la
partie la plus insaisissable de la philosophie chinoise. Par exemple, le Dragon, ☳ est une
créature imaginaire. Il vit dans la terre, dans la
mer et dans le ciel. Il désigne la Loi Unique elle-
même, douce comme la terre supportant même ceux
qui la méconnaissent, et en même temps les
gouvernant, les jugeant et les punissant, comme le
Ciel père de tous les êtres. Il garde le monde
physique, la Terre, en même temps le monde
spirituel, le Ciel. Il représente le roi idéal, doux
et bienfaiteur, parfait et taciturne, mais capable
de renverser le monde entier.

2. — La Loi Unique

Loi Unique : « *L'univers, c'est l'oscillation des deux activités In et Yo, et ses vicissitudes* » :

1. Ce qui produit et compose l'univers est Taikyoku (l'univers-éther, ou la nature intime, Çûnyatâ en sanscrit : Kû en japonais).
2. Taikyoku se polarise : un pôle se charge d'activité Yo, l'autre d'activité In.
3. L'activité Yo (constrictrice, d'où chaleur, pesanteur centripète) et l'activité In (dilatatrice, d'où le froid, force d'ascension) sont opposées.
4. Les êtres et les phénomènes qui se produisent dans l'univers sont des agrégats multiples et complexes de substance Taikyoku chargée des deux activités In et Yo en toutes proportions. (Notre univers lui-même n'est autre chose qu'une partie infime de cette manifestation de Taikyoku.)
5. Les êtres et les phénomènes sont des équilibres dynamiques divers ; rien n'est stable ni fini dans l'univers, tout est en mouvement incessant, parce que la polarisation, la source des êtres, est sans commencement ni fin.
6. L'activité In et l'activité Yo s'attirent l'une l'autre.
7. Rien n'est In absolue, ni Yo absolu. In et Yo ne se caractérisent que relativement ; tout est agrégat de In et Yo.
8. Rien n'est neutre. La polarisation est incessante et universelle.

9. La force d'attraction entre deux êtres est fonction de la différence entre leurs charges d'activités opposées.
10. Les activités de même nom se repoussent. La répulsion entre deux êtres de même activité est d'autant plus grande qu'ils sont plus proches.
11. In produit Yo ; Yo produit In.
12. Tous les êtres se chargent d'activité : Yo à l'intérieur, et In à l'extérieur.

3. — Méthode nouvelle pour l'Etude
de la Philosophie
et de la Science Chinoises

D'une manière générale, on doit étudier la philosophie et la science anciennes de la Chine dans les cinq king (Canons), livres très anciens :

I-King : L'énergétique ancienne. Le plus important et le plus ancien livre qu'on puisse consulter pour comprendre la philosophie de Fou-hi. L'octant de Fou-hi est doublé ici, c'est-à-dire on y traite la double permutation complète de l'octant : soixante-quatre permutations en tout.

Che-King : L'anthologie. (C'était par l'anthologie, par l'esthétique, qu'on enseignait au peuple, dans l'antiquité, la politesse, les sciences naturelles, la morale, la musique, etc.)

Chou-King : Recueil des messages impériaux des anciens empereurs et des codes et règlements.

Tch'ouen-ts'ieou: Histoire critique très sévère et très simple écrite par Confucius. (Critique de la pratique morale.)

Li-ki: Système d'administration du gouvernement.

Les cinq king (qui datent de plus de 2.500 ans) sont très intéressants et très importants pour ceux qui étudient l'ancienne civilisation chinoise. On verra nettement l'esprit ancien des empereurs, représentant le Ciel, la Loi Unique, la Vertu de l'eau, dans Chou-King. On serait étonné, si l'on n'avait quelques connaissances de la Loi Unique, de rencontrer, dans Li-ki, quatre catégories de médecins : le médecin alimentaire, qui dirige toute la nation vers la santé parfaite spirituelle et physique par la nourriture selon la Loi Unique traduite dans la médecine ; il prévient donc la maladie ; on l'appellait « Kokusyu » (Sauveur de la Nation). On emploie encore aujourd'hui ce terme pour saluer le plus grand médecin, en Chine et au Japon. Ensuite vient le médecin (de deuxième ordre) des maladies chroniques et internes ; le médecin des maladies externes est de troisième ordre, et enfin le quatrième, le médecin vétérinaire.

En outre des cinq king il y a les quatre livres qui contiennent les paroles et l'enseignement de Confucius, recueillis ou commentés par ses disciples, et « Tao-te-king », le livre le plus important sur la philosophie de Lao-tseu.

Pour ceux qui s'intéressent aux études purement scientifiques, « *le Ni-King* » (le Canon de l'Empereur Houang-Ti) réunit tous les comptes rendus des recherches scientifiques et surtout physiologiques entreprises par l'empereur et par ses célèbres collaborateurs.

Pour les études nouvelles de la philosophie et de la science anciennes chinoises, lorsqu'on a la connaissance de la chimie, de la physique, de la biologie générale y compris la physiologie, de l'énergétique moderne, on peut se borner à deux livres seulement, savoir : *I-King* et le *Canon de l'Empereur Houang-ti*.

Nous considérons tous les autres king et livres comme complémentaires. Les livres innombrables qu'on écrivit depuis Confucius sont tous plus ou moins superflus, sinon inutiles, pour ceux qui veulent saisir le principe de la civilisation chinoise.

Dans l'étude du bouddhisme, comme représentant de la philosophie hindoue, je recommande, pour les Occidentaux qui ont compris I-King, l'énergétique chinoise et le canon, ces deux livres : *Paroles de Sinran* et *Mahâ Prajna Pâramitâ Hridaya Sûtrâ*, parce qu'ils sont courts, simples et faciles au moins à lire. Les sûtrâ et les commentaires du bouddhisme sont infiniment nombreux. Tout le monde se perd parmi eux et personne ne peut les parcourir tous.

Nous nous occupons exclusivement ou principalement, mais profondément, de l'étude de ces livres, sans oublier les bâtons de Logos. Voilà notre méthode nouvelle.

CHAPITRE II

CHAPITRE II

La Philosophie d'Extrême-Orient

1. — LA THÉORIE DE L'ÊTRE

Fou-hi, ayant achevé son travail, son enseignement public de l'octant, et ayant réalisé le règne idéal qui influa sur les peuples chinois pendant des milliers d'années, se retira dans Taikyoku. Toute la philosophie et toute la science chinoises dépendent seulement du secret de ce philosophe. L'octant de Fou-hi est la vraie source de toute la civilisation chinoise dont la pleine floraison fut longtemps avant l'époque de Confucius.

Lao-Tseu et ensuite Confusius s'éfforcèrent de faire renaître la philosophie de Fou-hi; c'est dire que le monde oriental était déjà en désordre à cette époque-là. Le premier était de beaucoup le plus profond dans la connaissance de la philosophie de Fou-hi. Après ces deux maîtres éminents, peu d'hommes purent comprendre l'esprit de la philosophie et entrer dans le cœur de Taikyoku. Nous ne pouvons déchiffrer le secret de la philosophie Taikyoku sur lequel toute la philosophie s'appuie que par l'octant et les bâtons de Logos, seule clef laissée par le philosophe.

Je me suis efforcé d'ouvrir la porte de Taikyoku par cette clef; et après de longues études j'ai saisi une vue générale que voici : (Il ne faut pas oublier que les mots sont seulement des conventions humaines et qu'ils ne traduisent pas la nature des êtres ou des phénomènes, mais seulement des particularités extérieures. Ils ne sont pas aptes surtout pour traduire Taikyoku, l'univers avant la création des êtres.)

Taikyoku n'a pas le sens d'espace. Il est vaste, c'est vrai, infiniment. Mais on peut le considérer tout à la fois extérieurement et intérieurement d'un seul coup d'œil, comme s'il était un point géométrique. Le temps n'y existe pas non plus. On y sent toute l'éternité. Mais ce n'est pas ce qu'on désigne par ce mot. On ne peut l'expliquer qu'approximativement.

Il ne paraît ni plein, ni vide, ni opaque. Il semble transparent. On y voit tout le système de l'univers, en même temps que toutes les scènes du passé, du présent, de l'avenir à tous les niveaux, et cela d'un seul coup d'œil.

Il n'est ni froid, ni chaud. Ni agréable, ni désagréable. On n'y entend rien. Mais on comprend toutes les paroles et tous les sons dans chaque scène du passé, du présent et de l'avenir, en même temps qu'on les voit, comme si les yeux étaient des cellules photo-électriques de sélénium.

Est-ce un rêve ou une réalité ? C'est peut-être un rêve que les philosophes seuls peuvent contempler. C'est peut-être une réalité que les ignorants ne peuvent voir.

Si je m'aventure un peu, dans la comparaison, je dirai que Taikyoku, l'univers-éther, est quelque chose comme υλη de Du Bois-Reymond en tant que substance. Il y a dans υλη le silence, l'obscurité, l'absence de toute qualité. Taikyoku est pareil à υλη jusqu'ici, mais possède de plus, et en même temps, la sonorité, la luminosité et toute qualité.

Taikyoku est tranquille comme un tout. Aucun mouvement n'y existe, mais si l'on en regarde une partie infime, elle est en mouvement extrêmement rapide.

L'origine du mouvement.

Supposons que le point A change sa position jusqu'au point A' en traversant un billion de kilomètres dans une seconde. C'est un grand mouvement pour nous, mais ce n'est rien pour Taikyoku pour Çûnyatâ infinie. Le mouvement, quel qu'il soit, n'existe qu'en notre sens infime. L'origine du mouvement n'est autre chose que celle de notre connaissance. Le mouvement est donc sans commencement ni fin dans notre connaissance ; il n'est plus au delà de notre connaissance. Chercher l'origine du mouvement par la « connaissance », c'est comme chercher la dernière image d'un miroir dans un autre opposé.

La matière.

Le mouvement seul produit la matière, les êtres et les phénomènes. Il est, à un multiple près, le rapport entre une partie infinitésimale de Taikyoku avec une autre. L'une est chargée d'activité Yo, l'autre d'activité In. Elles s'attirent l'une l'autre, et cela sans cesse et sans fin. Les êtres et la matière, qui ne sont jamais finis en réalité, sont des agrégats de ces activités, plus ou moins stables, et qui se décomposent incessamment.

Nous avons remonté jusqu'à l'origine du mouvement, nous avons vu qu'elle était à la fois, selon le point de vue subjectif ou objectif, l'origine de notre connaissance et la polarisation des deux activités In et Yo. En même temps nous avons compris que la force ainsi que la matière n'étaient que des agrégats de ces deux activités.

Pour fixer nos idées, prenons une métaphore.

Imaginons Taikyoku qui produit tous les êtres, comme une mer sans aucun va-et-vient de vagues, parce qu'elle est infiniment grande, c'est-à-dire infinie dans sa profondeur ainsi que dans son étendue ; elle n'a ni surface, ni fond. Sous nos yeux, se forment un nombre infini de tourbillons.

grands et petits, de toutes sortes, ils tournent chacun suivant un axe quelconque et différent. Ils existent, c'est certain, mais si nous les regardons de plus près, nous voyons que la substance qui les forme se renouvelle sans arrêt avec une rapidité extraordinaire ; ils existent et pourtant ce ne sont pas les mêmes que ceux qui existaient un instant avant. Ils se touchent et se fondent dans un tourbillon plus grand que chacun d'eux. Tout d'un coup, un autre plus grand englobe le premier qui lui-même à son tour disparaît. Ce va-et-vient, ces vicissitudes des agrégats sont notre vie, l'apparition et l'existence des êtres. L'univers-éther, Taikyoku, non seulement produit les êtres, les tourbillons, mais les renouvelle sans cesse pendant toute leur existence.

L'un dit que l'être est discontinu. L'autre le dit continu. Le troisième dit que c'est la mobilité qui constitue l'être. Le quatrième insiste sur l'immobilité... Tous ont raison, tout est vrai, cela dépend seulement de la position de l'observateur. A celui qui est objectif, il apparaîtra comme discontinu ; à celui qui est subjectif, comme continu, et à celui qui est au-dessus de la subjectivité et de l'objectivité, Taikyoku apparaîtra comme il est.

Prenons un exemple : la flèche qui vole.

La flèche vole de A à B en traversant l'espace. Si on la considère subjectivement, et qu'on la suive avec la connaissance catégorique du temps et de l'espace, elle est en mouvement rapide. Mais si on la considère objectivement, il y a une série, une suite de positions A, A', A'', etc. Pour remplir les intervalles entre A, A', A'', on multiplie à l'infini les positions intermédiaires ; ce n'est pas un expédient peut-être, mais on n'arrive à rien. Quelquesuns déclarent énergiquement que la question est insoluble ; les autres disent que c'est un mouvement, une continuité absolue, et les autres encore insistent que c'est une discontinuité, etc...

Tous disent vrai, autant qu'ils ont des points de vue différents; les uns sont intermédiaires, les autres sont objectivistes ou subjectivistes. Si l'on s'appuie sur l'univers-éther, Taikyoku, il n'y a rien, ni mouvement, ni discontinuité. Si l'on se base sur le temps et sur l'espace, fictions de notre connaissance, on arrive à la continuité par subjectivité, et à la discontinuité par objectivité.

Pour fixer les idées, imaginons la vérification d'un film cinégraphique sur lequel a été impressionnée l'image de cette flèche volant d'un point A à un point B, distants de 10 mètres, à la vitesse de 100 mètres par seconde. Supposons un appareil de prise de vues ultra-rapide permettant de prendre 2.400 images par seconde (10 fois plus que la G.-V. de Debrie, 150 fois plus vite qu'un appareil de prise de vues ordinaire). La vérification, image par image, donne un point d'appui superbe à ceux qui aiment la théorie de la continuité. Si l'on projette ce film à la vitesse d'une image par seconde, sur un écran ordinaire, à la distance convenable, soit 10 mètres, avec un objectif très puissant, 50 millimètres par exemple, on voit nettement le mouvement, la séparation entre une image et la suivante. Voilà la base du raisonnement de la discontinuité. Mais si on supprime le cadre de l'écran, si on projette dans l'air infini en imagination, il n'y a plus ni discontinuité, ni continuité, ni mouvement. De même, nous ne pouvons pas connaître le mouvement absolu de tous les soleils.

Quelques-uns disent que ni le bien, ni le beau, ni le vrai ne sont des êtres concrets. D'autres disent le contraire. Mais ni la première proposition, ni la dernière n'a de signification, parce que les uns et les autres ignorent ce que sont les êtres en réalité. Ainsi on rencontre de temps en temps des réalités créées par imagination et par artifice. (La stéréochimie, par exemple, la convention que telle ou telle molécule est longue ou courte : $CH^3 — CH^2$ — $CH^2 — CH^2 — CH^2 — CH^2 — CH^2 — CH^2 —$ $CH^2 — CH^2 — CH^2 — CH^2 — CH^2 — CH^2 — CH^2$ — $CH^2 — CH^2 — COOH$, ou HF).

Pour voir l'image de Taikyoku, on doit fermer les yeux du corps, et ouvrir les yeux de l'âme. (Les anciens Chinois inventèrent deux verbes différents correspondant au verbe « voir », pour distinguer la faculté visuelle physiologique de la faculté visuelle spirituelle des yeux, et deux mots différents pour les deux yeux : physique et spirituel.)

Il faut ces derniers yeux dans les recherches de l'Etre. Le chercheur de l'Etre vrai, de l'univers vrai, est un peu comme un photographe. Plus ils se rapprochent de l'objet, plus ils retrécissent le champ ; le plus près possible et avec l'objectif le plus puissant, ils obtiennent de l'objet une image tout à fait incohérente. Plus ils se reculent, plus ils agrandissent le champ ; à l'infini, si c'est possible, ils obtiennent une image parfaite de l'objet dans sa totalité avec tout son milieu, l'univers vrai, sur laquelle ils peuvent examiner, avec un instrument approprié, tous les détails qu'ils auraient pris de près. Il ne faut donc pas s'entêter dans la conception objective ou subjective. Les inventions de méthodes nouvelles de prises de vues analytiques ou microscopiques ne font gagner qu'une différence d'échelle, de grandeur. On ne progresse pas dans la connaissance de l'objet, de sa nature, cause de ses propriétés.

Dans la théorie de l'Etre de l'in'yologie, l'origine de la vie est tout à fait résolue comme nous l'avons vu. Les idées telles que panspermie, actualisme, hétérogenèse, « generatio spontanea seu acuinova », abiogenèse, etc., ne sont pas nécessaires. Les plantes pour la reproduction desquelles certains

papillons sont indispensables, existaient-elles avant
l'apparition des papillons ou non ? De même,
l'œuf vient-il avant ou après la poule ? Ces
questions sont solubles seulement dans la connaissance de Taikyoku, comme le problème de la flèche,
du mouvement ou de la matière.

2. — La Théorie de la Connaissance

La nature intime des phénomènes psychologiques est-elle insaisissable par nous ? Cette question ne se pose pas dans la philosophie d'Extrême-
Orient. L'esprit est considéré comme une phase
de l'intimité de la nature, dont l'autre phase est
dite physique.

On considère que tous les êtres, tous les phénomènes, y compris notre existence elle-même tout
entière, existent eux-mêmes dans l'Etre vrai, dans
l'univers vrai de Taikyoku. Les phénomènes
psychologiques se produisent dans le sein de la
nature intime ainsi que les phénomènes physiques,
les êtres. « Les phénomènes sont le langage de la
nature intime (Siki soku ze Kû) ». Les phénomènes
spirituels ne sont autre chose que le mouvement,
la force (l'énergie si vous voulez) des tourbillons
que nous avons trouvés dans la profondeur de la
mer de l'univers-éther de Taikyoku, des bulles ou
des écumes infimes et infinis qui paraissent et dis-
paraissent dans l'eau de l'aquarium de l'Etre vrai.
Ils sont ainsi que les êtres dépendants du milieu,
l'Etre vrai ; ils sont une conséquence, un état d'é-
quilibre des réactions voisines et de l'Etre qui est à
un moment donné à la fois l'univers et les êtres
qu'il produit. Si l'on s'enferme dans le désir trop
modeste de connaître exclusivement les lois qui
règnent sur les bulles, les tourbillons, les êtres
éphémères, étant soi-même une de ces bulles fra-
giles, sans vouloir connaître la loi universelle qui

régit à la fois les êtres éphémères et l'univers vrai, on n'aboutira jamais.

C'est dans la philosophie d'Extrême-Orient, et surtout dans le bouddhisme, qu'on étudiait la théorie de la connaissance avec le plus de soin. Je laisse de côté comme inutiles ici la théorie des cinq éléments et la théorie de l'évolution en douze étapes de la connaissance.

Nous entrerons dans l'esprit de la théorie générale de la connaissance d'Extrême-Orient. Nous voici, ayant vue sur le monde entier, monde des êtres qui s'étend dans l'univers de l'Etre vrai. Nous comprenons que notre monde, notre existence, la vie, tout n'est qu'une étincelle, produite par le contact des deux activités In et Yo au sein de Taikyoku. Nous représentons Taikyoku en un point ; Taikyoku, Çûnyatâ, n'existe pas sans ce point ; notre existence physique commence dès la polarisation de Taikyoku ; elle finit par la saturation parfaite, neutralisation qui représente l'inertie, puis la décomposition totale, régies par d'autres activités vierges, et enfin aboutissant à une nouvelle communion. Mais notre existence spirituelle existe toujours ; c'est Taikyoku lui-même, racine de notre existence, âme ou pays natal des êtres. Taikyoku et nous, les êtres, ne font qu'un. Nous sommes Taikyoku, c'est là la mentalité de la foi. Lorsque nous saisissons ceci, dès que nous (non pas comprenons, mais) sentons Taikyoku dans notre existence tout entière, nous sommes libérés de la prison doublement enclose par le temps et par l'espace. Dès lors, nous voyons le passé et l'avenir comme le présent sous nos yeux, à la fois dans leurs détails microscopiques et en totalité. De même que la mise au point des yeux physiques est instantanée, de même nos yeux spirituels, objectif merveilleux, fenêtre sur Taikyoku, reconnaissent instantanément ce qui se trouve d'un

côté au loin, le passé, ou ce qui se trouve de l'autre
côté au loin, l'avenir; ou ce qui se trouve tout
près, le présent. La faculté de mettre au point sur
le passé est la *Mémoire;* pour l'avenir, c'est l'*Intelligence;* pour le présent, c'est la *Connaissance.*
La « mémoire », la « connaissance » et l' « intelligence » ne sont que trois positions d'une tige de
mise au point d'un objectif.

Je veux représenter par cet objectif l'*Intuition;*
elle possède la faculté de se régler automatique-
ment; elle représente l'*Instinct.* (Ce réglage automatique, chez la majorité des personnes, est plus
ou moins troublé par défaut de santé parfaite.)

Appelons « reconnaissance » la mise au point
exacte à chaque position.

Il va sans dire que je représente, par l'objectif
merveilleux ayant la faculté automatique de mise
au point pour tous les plans, l'*Instinct-Intuition
parfait*, c'est-à-dire l'intuition en dehors des
influences diverses, et munie de l'instinct parfait.

Chez nous, l'objectif et le réglage ne sont pas
indépendants, à la différence de ce qui se passe
pour l'appareil de prise de vues.

·L'ensemble qui possède cette exactitude, cette
fonction parfaite du réglage automatique de l'instinct, est le seul instrument à notre disposition
pour contempler Taikyoku, l'univers vrai; il est
comme une minuscule balle de diamant, un bijou,
qui reflète tout l'univers. Il est une miniature de
Taikyoku; il est un microcosme et en même temps
une partie du macrocosme, Taikyoku. Je le nomme,
ce bijou, provisoirement *Conscience parfaite* ou
Taikyoku Conscience. (Ce qui est difficile à comprendre, c'est que ce microcosme et ce macrocosme ne font qu'un en réalité, parce qu'ils sont
constituants l'un l'autre.)

La *Sensation primaire* est alors, dans la philosophie orientale, la « reconnaissance » élémentaire

au niveau cellulaire; la sensation développée et combinée est la reconnaissance nerveuse.

L'*Esprit* est considéré comme une tendance et une étape du développement du système « conscience-connaissance ». Les sensations, les sentiments et les émotions sont la « reconnaissance » élémentaire, comme nous l'avons dit plus haut. La plupart des gens ne peuvent pas les nier parce qu'ils sont élémentaires, c'est-à-dire qu'ils sont physiques, matériels, ou, en d'autres termes, ils sont à la racine de notre existence physique, de notre naissance, au centre de notre tourbillon, qui est sensible, et dont la fonction, la rotation sont gênées par un obstacle étranger.

La « conscience », telle que nous l'avons définie, est à l'antipode de la « connaissance ». Dans la « conscience », nous pouvons nier « soi », c'est-à-dire que nous pouvons nous contrarier sans sentir la douleur, parce que la « conscience » est le sommet de notre arbre, la périphérie la plus élevée et la plus éloignée de la racine-centre de notre tourbillon. En cette région, un obstacle étranger ne contrarie pas beaucoup le mouvement. Sa périphérie se fond dans l'eau infinie, l'univers-éther, Taikyoku. Il n'y a pas de solution de continuité entre la « conscience » et Taikyoku.

Les *Vouloirs* et *Désirs* sont formés de diverses sensations distillées et mises en ordre dans une tendance déterminée.

L'*Idée*, la *Pensée* sont considérées comme une synthèse de la « connaissance ».

La théorie objective ou l'empirisme cherche à saisir les caractères externes, pondérables des phénomènes, sans tenir compte de leur nature intime, cause de leurs propriétés. Elle les traduit quantitativement par des conventions (mathématiques), en employant toujours les catégories logiques subjectives, c'est-à-dire le temps, l'espace, etc... L'In'yologie ne s'y intéresse pas parce que cette objectivité aboutit à l'abstrait. Elle n'est ni objective, ni subjective. Elle se fond en Taikyoku, par la contemplation la plus profonde en se libérant de « soi », inventeur de l'objectivité et de la subjectivité. Ces deux manières de voir s'appuient sur l'homme, sur la connaissance. Taikyoku est au delà des deux. La philosophie ancienne chinoise ou hindoue ne nous permet pas de soutenir notre existence en tant qu'homme, écume éphémère. Elle est à la fois la théorie de la « conscience » et la méthode pratique de vivre la vie suprême dans la « conscience », l'univers vrai.

Nous allons expliquer quelques problèmes plus ou moins banals en observant, dès maintenant, la terminologie que nous avons établie jusqu'ici.

Le fait peut-il exister dans l'espace ?

Cette question est mal posée. Si nous examinons ce que l'espace signifie dans la théorie de la connaissance d'Extrême-Orient, nous trouvons qu'il est une convention humaine, et qu'il n'a aucun sens en l'univers vrai. De même l'action, le fait. La question fond comme un arc-en-ciel.

La prévoyance scientifique et l'explication scientifique sont-elles possibles ?

La science moderne est une recherche de la causalité à tous les niveaux du monde. Mais on sait que nous ne pouvons trouver par l'analyse qu'une cause précédente ou un multiple des causes antérieures, et jamais la cause ultime. On a déjà déclaré, très modestement : « Ignoramus » et aussi « Ignorabimus ». Mais la cause ultime mise à part, peut-on tout au moins prévoir ? Certes, je le crois. La science infatigable et modeste devrait arriver après de nombreuses et longues recherches à la prévoyance scientifique. Mais la prévoyance dite

scientifique ne dépasse pas le niveau de la probabilité, parce qu'elle se limite à la « connaissance »
que nous avons définie. L'idée de causalité est elle-
même subjective.

La prévoyance et l'explication in'yologiques existent-elles ?

La « conscience » (toujours d'après notre terminologie) étant sans solution de continuité avec
Taïkyoku, prévoit tout ainsi que Taikyoku.
Arriver à cet état est le seul but de toute la philosophie d'Extrême-Orient. La prévoyance in'yologique est aussi une probabilité peut-être, mais
plus grande, parce qu'elle ne s'appuie pas seulement sur la « connaissance », mais encore sur la
« conscience ». La probabilité scientifique, basée
sur la causalité, est comparable à une juxtaposi-
tion de photographies infimes et innombrables
d'un grand objet prises à la distance de 0,1 mètre,
tandis que la prévoyance in'yologique est comparable à une seule photographie prise à une distance
convenable, 1.000 mètres par exemple, représentant l'objet tout entier.

Qu'est-ce que le Bien, le Beau et le Vrai ?

C'est une image de la Loi Unique de Taikyoku
entrevue par la « conscience » soit en morale, soit
en esthétique, soit dans le domaine scientifique.

Le bien doit être libéré de sa subjectivité plus
ou moins tenace; le vrai doit se méfier de son
objectivité toujours; le beau seulement est parfait.
Celui dont la « conscience » fonctionne parfaitement trouve la beauté partout; il est heureux
toujours. C'est un homme qui poétise tout, ou une
personne sincère et reconnaissante qui a la foi.

Le « moi » et le libre arbitre.

Le « moi », comme objet de méditation, est le
« moi » physique, l'être humain, un phénomène

ou un état d'équilibre dynamique produit à un moment donné au cours de vicissitudes et d'oscillations qui varient infiniment entre les activités Yo et les activités In au centre de l'univers-éther, Taikyoku; par conséquent, un tel « moi » n'a aucune liberté.

Le « Moi » qui médite (le moi) est le « Moi » spirituel, qui n'est ni phénomène ni état d'équilibre dynamique, qui est l'univers-éther, Taikyoku ou Sûnnya lui-même; par conséquent, sa liberté est parfaite et absolue.

On adore quelquefois, lorsqu'on est innocent, ce « Moi » qui médite, et on appelle « Dieu » respectueusement, quelquefois « Ame » amicalement, considérant qu'elle habite dans le « moi » petit, physique, imaginant que la mort est sa sortie et la vie son entrée, naïvement.

Les discussions sur le libre arbitre sans connaître le « moi » petit, ni le « Moi » grand, c'est à-dire ni les êtres, ni l'Etre vrai, sont inutiles.

On a imaginé autrefois un âne dépourvu de libre arbitre, et on se demandait : « l'âne étant placé à égale distance de deux meules égales de foin, mourra-t-il de faim faute de libre arbitre ? » Vraisemblablement il mourrait, mais heureusement l'instinct-intuition de l'âne remplaçait le soidisant libre arbitre du savant. Je crois que celui-ci devait avoir la tige de mise au point de l'objectif instinct-intuition bloquée sur la « connaissance ».

En d'autres termes, la fonction parfaite de l'instinct-intuition est la « conscience » représentant de Taikyoku, Çûnyatâ, donc parfaitement libre.

Celui qui la possède est l'homme qui sait le « Tao » de Lao-tseu. C'est « l'homme parfait » de Confucius. C'est un bouddha. C'est la seule personnalité que toute la philosophie d'Extrême-Orient s'efforce de réaliser.

Celui qui sent l'univers vrai, Sûnnya, dans son existence, n'appartient à aucune religion, ni à aucune secte. Ce sont toujours les disciples et les auditeurs qui créent les religions et les sectes en perdant toujours le véritable esprit.

Représentation schématique de la « Conscience »
autour de laquelle gravitent le monde visible
du « moi » et le monde invisible du « Moi » :

L'univers et l'existence sont le monde visible de la « connaissance ». L'un et l'autre sont créés seulement par la perception physique (du temps, de l'espace et de la gravitation).

Le monde invisible, le monde métaphysique ou spirituel est l'image de l'incertitude de l'existence, de l'inquiétude des habitants du monde visible.

L'univers ou l'existence plus le monde invisible ou métaphysique n'est qu'un point géométrique dans Taikyoku, Sûnnya, où ni le temps, ni l'espace, ni la gravitation n'existent.

La subjectivité s'appuie sur la connaissance individuelle des habitants du monde visible. L'objectivité s'appuie sur la connaissance générale en fonction des unités C. G. S. La différence entre la subjectivité et l'objectivité n'est pas qualitative. La philosophie du Taikyoku, Çûnyatâ, est au-dessus de la subjectivité et de l'objectivité ; la philosophie d'Extrême-Orient est absolument intraduisible par la même mentalité que celles-là.

La conscience de Çûnyatâ ou Taikyoku lui-même s'appelle la Conscience Parfaite. Connaissance, moi petit, Dieu, Instinct, Intuition, *Moi* grand, Daiva, ou Nirvâna, ne sont autre chose qu'une expression partielle de la Conscience Parfaite. Ce qui distingue l'une de ces expressions d'une autre n'est ni le temps, ni l'espace. Il faut tenir grand compte de ces notions dans la lecture de ce schéma de la théorie de la connaissance d'Extrême-Orient.

COSMOLOGIE d'EXTRÊME-ORIENT

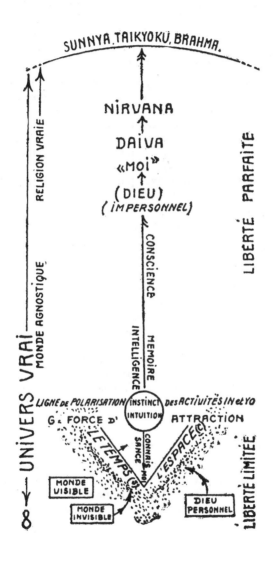

SUNNYA, TAIKYOKU, BRAHMA.

NIRVANA

DAIVA

«MOI»

(DIEU)

(IMPERSONNEL)

RELIGION VRAIE

CONSCIENCE

LIBERTÉ PARFAITE

MONDE AGNOSTIQUE

MÉMOIRE

INTELLIGENCE

UNIVERS VRAI

LIGNE DE POLARISATION INSTINCT DES ACTIVITÉS IN et YO

G. FORCE D' INTUITION ATTRACTION

LE TEMPS

L'ESPACE(C)

CONNAISSANCE MO

MONDE VISIBLE

MONDE INVISIBLE

DIEU PERSONNEL

LIBERTÉ LIMITÉE

∞

L'homme habite à la fois le monde visible par son corps et le Taikyoku, le monde de la Conscience parfaite, par son âme. L'oubli ou l'abandon de ce dernier est la seule source de tous les maux physiques et moraux de l'Humanité.

Toute soi-disant religion qui nécessite des rites, des observances, des pénitences, le Paradis, l'Enfer, un Dieu Personnel, des prières, etc., ou qui n'en nie pas l'utilité, appartient au monde visible, et est considérée comme pseudo-religion dans la philosophie d'Extrême-Orient. Cette dernière considère comme « Vraie Religion » celle qui ne les nécessite pas pour sauver parfaitement l'humanité des maux et des souffrances de toute sorte.

Le monothéisme, le polythéisme, etc., sont des terminologies utilisables seulement dans le monde visible de la connaissance, et absolument inutilisables dans le Taikyoku.

(Lorsqu'on avance vers le « moi » petit, le cadre de l'espace et du temps se resserre, limitant la liberté, et enfin on aboutit, en luttant contre ce resserrement de l'espace et du temps avec sa seule arme puissante dite « analyse », à l'abstrait, « zéro », ou au delà de « zéro » jusqu'à l'infini négatif. Mais lorsqu'on se dirige au contraire vers Taikyoku, Sûnnya, par la « contemplation », on arrive enfin, après avoir passé la frontière des deux activités, à la « conscience » et on se fond dans Taikyoku, Sûnya.

Instinct, Apriorisme, Postériorisme.

L'instinct a deux activités, deux extrémités : l'une est l'*intuition*, l'autre la « conscience ». La fonction parfaite et automatique de notre objectif, l'instinct-intuition, est la « conscience » elle-même.

Je laisse toutes les discussions sur la définition de l'apriorisme et du postériorisme de côté, et j'aborde la conclusion que la philosophie orientale donne sur la même question.

Elle n'admet aucun développement postérieur de la connaissance. Le développement, l'approfondissement, l'enrichissement de la connaissance sont une illusion provoquée par le grossissement de l'objectif. C'est une différence d'échelle tout simplement. C'est une illusion qu'on rencontre en avançant vers le « moi » petit et infime, en luttant contre le resserrement du temps et de l'espace, et qui finit en abstraction. On sent alors, vers la fin de la vie, qu'il était inutile d'avoir tant cherché à connaître. (Beaucoup finissent la vie sans le sentir.) La physiologie moderne, par exemple, nous montre de grands progrès, mais elle dit courageusement : « ignoramus » et « ignorabimus » sur toute question fondamentale : la composition exacte d'une protide, par exemple, ou le mécanisme de la fonction cellulaire.

La connaissance postérieure ne nous avance en rien. Un nouveau-né ou un organe agit comme il faut sans avoir aucune « connaissance postérieure », instinctivement, c'est-à-dire parfaitement.

La pratique précède le raisonnement, c'est dire que l'instinct est prédominant dans notre système de la connaissance. L'instinct est parfait à tous les niveaux du monde naturel et toujours, dès la naissance jusqu'à la mort. La connaissance elle-même n'existe plus sans l'instinct. L'instinct ne se développe pas, ne s'affaiblit pas tout le long de la vie. Mais on se plaît à vérifier la puissance de l'objectif, l'instinct-intuition, et on prolonge le foyer de plus en plus et on l'immobilise sans retour, on se noie dans les détails. (L'instinct et l'intuition ne font qu'un.)

La philosophie chinoise ou hindoue ne discute pas sur le postériorisme et l'apriorisme. Elle supprime par la contemplation notre existence illusoire, où n'existe aucun écran ayant le temps en ordonnée, l'espace en abcisse et sur lequel les êtres sont définis.

La différence entre un enfant et un adulte, ou entre un boschiman et Newton, est ainsi éclairée. Ce n'est pas du tout que j'admire l'instinct et que je méprise la connaissance. Il ne faut pas exagérer. J'admire plutôt la science moderne que j'ai apprise tout récemment, monument à la gloire de la connaissance. Quelques âmes plus ou moins obscures adorent l'instinct et l'intuition, et aiment les mettre dans le coffret secret du mysticisme, cercueil de la connaissance.

Le Rêve.

L'astronome n'a qu'à remplacer t (le temps) dans l'équation lunaire par un certain nombre négatif ou positif pour connaître l'éclipse solaire à une certaine époque du passé ou de l'avenir. Si la connaissance physiologique pouvait arriver à cette certitude, nous pourrions établir une équation cérébrale qui s'applique au fonctionnement d'un cerveau qui dort sans rêve. Mais, dès l'apparition d'un rêve, elle perd sa validité. « Aucune connaissance scientifique ne nous fera entrevoir le mécanisme qui lie notre cerveau au rêve », dit Du Bois-Reymond.

D'après la philosophie ancienne d'Extrême-Orient, le rêve est l'agitation de la « connaissance » (toujours d'après notre terminologie) qui reste. (La « conscience » se retire dans Taikyoku, Sûnnya, pendant la nuit, c'est-à-dire les heures In.) Le rêve n'existe pas dans le sommeil parfait ; toute notre « conscience » est en toute communication avec son origine, dans le sein de l'univers-

mère Taikyoku, où elle se repose et renouvelle sa
force. Mais, s'il y a un déséquilibre physiologique
quelconque, la « conscience » imparfaite, c'est-
à-dire la « connaissance », s'empare de notre corps
pendant le sommeil. Mais la « connaissance » est
toujours imparfaite ; donc notre pensée, notre rêve
sont incohérents.

« Hiziri (l'homme qui sait Çûnyatâ Taikyoku) n'a
aucun rêve dans son sommeil », dit Mong-tseu. Le
rêve est maladif, d'après la médecine d'Extrême-
Orient. Celui qui observe dans le domaine physiologique la Loi Unique ne peut être malade. (Voir
la *Médecine Chinoise.*)

« Si Hiziri rêve, c'est le vrai rêve », dit un philosophe chinois. Le vrai rêve est la prévision. On
rêve en effet, très rarement, le vrai rêve, les
phénomènes à venir, quand on est parfaitement en
accord avec la Loi Unique dans la vie physiologique pratique. C'est logique et naturel de voir
l'avenir lorsque la « conscience » est en communication parfaite avec Taikyoku, où ni le temps ni
l'espace n'existent. L'histoire des grands hommes
d'Orient en rapporte de nombreux exemples.

La Parole.

La parole ou le langage se développent parallèlement à la « connaissance » humaine, et inversement à la « conscience ». L'origine de la parole,
du langage, c'est la « connaissance ».

La Finalité.

Celui qui a compris la simplicité, la régularité
et l'exactitude de la Loi Unique, comprend aussi
parfaitement la finalité. In produit Yo, parce que
In n'est pas Yo. La chaleur aboutit au froid, parce
que la chaleur est l'antipode du froid. La « reine »
d'abeilles pond exclusivement des mâles ; le mâle,
qui fécond la « reine », lui permet de donner nais-

sance à la « reine » future. Ce n'est pas l'homme
qui s'adapte à la petite île ; c'est cette petite île
(milieu) qui produit le nain. (Voir la biologie
chinoise.)

Réalité.

Nous avons vu que le passé est un horizon loin-
tain et l'avenir un autre. Pour moi, le Japon est
le passé lorsque je suis à Paris. Pour vous, il est
l'avenir si vous ne le connaissez pas. Pour mes
amis de Tôkyô, il est le présent ; mes jeunes enfants ne le distinguent ni de l'avenir, ni du passé ;
pour eux, le monde tout entier est un tout où
n'existe ni le temps ni l'espace ; ils ne sont pas
encore très éloignés de Taikyoku.

On considère comme une « réalité » le présent,
et comme un « rêve » l'avenir ou le passé. Mais
le Japon peut être une « réalité », c'est-à-dire le
présent, ou un « rêve », c'est-à-dire l'avenir ou le
passé selon le point de vue de l'observateur. De
même, la vie de Jésus-Christ, par exemple, est le
présent pour quelques-uns. Elle est une île loin-
taine dans l'océan infini du temps, comme le Japon
dans celui de l'espace. En réalité, l'existence du
Japon ou de Jésus-Christ est un point géométrique
ou un autre dans le Taikyoku, qu'on distingue soit
au point de vue chronologique, soit au point de
vue géographique.

Supposons que vous soyez un pauvre naufragé
sur un petit bateau à voiles dépourvu de gou-
vernail, depuis plus d'un mois, dans l'océan
immense, attendant la mort presque inévitable. En
ce moment, le monde où vous aviez été destiné, où
vos enfants vous attendent, n'est plus qu'un rêve.
Mais dès le moment où vous êtes sauvé par un
grand paquebot dont l'arrivée à Cherbourg est
fixée, le monde reprend sa véracité ; le rêve se
transforme instantanément en réalité, et vous

n'avez plus d'inquiétude. Mais peut-être ce grand paquebot moderne disparaîtra, comme un « Titanic », deux minutes après. A vrai dire, le monde entier n'est qu'un « Titanic » qui traverse l'océan de Taikyoku. Il est fragile et éphémère, mais on le croit solide et éternel, et on l'appelle « réalité ». On déteste le « rêve perpétuel ». On est un peu comme ce pêcheur qui préfère un petit poisson aujourd'hui à un grand poisson demain, ignorant si ce petit poisson n'apporte pas la cause mortelle, étant aveuglé par les plaisirs physiques et immédiats.

Vous êtes un constructeur de bateaux. Vous avez terminé le plan d'un paquebot après de longs travaux. Dès ce moment, ce paquebot est une « réalité » pour vous; il vous paraît un rêve une fois réalisé. Pourtant, c'est tout à fait impossible pour vous de trouver une solution de continuité depuis votre première idée de la construction.

Le vrai poète, le vrai compositeur de musique ne peuvent pas se connaître pendant leur composition. Leur travail est un « rêve » pour leurs amis. Leur œuvre terminée est un « rêve » pour eux, mais une « réalité » pour leurs amis.

On ne peut pas trouver de discontinuité entre le « rêve » et la « réalité ». Les pollutions dues aux cauchemars sensuels, très fréquentes chez les jeunes gens, sont un autre exemple qui ne nous permet pas de trouver la discontinuité du rêve à la réalité. On y est tout à fait conscient de la sensation physique.

Nous devons donc constater que notre « conscience » crée la « réalité ». Notre « réalité » dépend des fonctions mentales. De même toutes les fonctions psychologiques, tel que la psychothérapie, l'hypnotisme, etc.

Les Occidentaux considèrent comme une « réalité » ce qui se passe dans le cadre du temps et de

l'espace ; les peuples d'Extrême-Orient le considèrent comme un « rêve » ; pour ces derniers, le
temps et l'espace, fictions de la connaissance, ou
de la science moderne qui s'efforce de traduire tous
les phénomènes par les notions mathématiques
abstraites, sont une fiction et un « rêve ».

Bref, la « réalité » est considérée comme pas-
sagère, fragile, et le « rêve » est divisé en deux
catégories qui ont 100 % de véracité toutes les
deux : 1° le « rêve » proprement dit, ce qui se
passe dans notre sommeil ; 2° le « rêve » de la
« conscience », qui voit aussi bien le passé que
l'avenir, soit en sommeil, soit en réalité.

Le présent est un point fugitif, infime, dans toute
l'étendue du passé et de l'avenir. Le présent proprement dit n'existe qu'en fonction du temps et
de l'espace. Le bonheur, la liberté, la joie y sont
infimes et illusoires. Personne ne peut saisir le
bonheur parfait et éternel dans un pareil monde
éphémère. La Grande Joie, indestructible et indé-
niable, se trouve seulement dans le monde de
Taikyoku, Çûnyatâ, où la liberté et la puissance
sont parfaites. Les Orientaux l'appellent *Réalité
Vraie*. C'est le monde que « Mahâ prajña pâramitâ
hridaya sûtrâ » nous fait voir et vers lequel les
« Paroles de Sinran » nous dirigent à travers
l'océan de la « petite réalité » éphémère et lamentable, où les tempêtes et les beaux jours nous
tourmentent et nous plaisent alternativement, vers
les rives de l'au-delà, port de notre pays natal : « la
Grande Joie ».

Les sciences modernes édifiées sur la « réalité
du présent », le temps, l'espace et la gravitation connaissances inexpliquées, sont considérées
comme « occultes » ou « mystiques » au point de
vue de la philosophie et de la science d'Extrême-
Orient qui se base sur Taikyoku, libérée de ces
notions illusoires.

CHAPITRE III

CHAPITRE III

La Science Chinoise

Nous avons vu que Fou-hi s'efforçait de résoudre les problèmes de l'origine ultime des êtres et des fins de la création, et qu'il réussit à établir une philosophie. Ses moyens furent d'abord l'expérience, puis la contemplation. Si je nomme « philosophie » le principe trouvé après de longues études, je dois appeler « science » les moyens par lesquels il put arriver à ce principe.

Au lieu de suivre l'histoire de la science de Fou-hi, de son origine à son perfectionnement, comme nous l'avons faite sommairement avec ses bâtons de Logos, pour la philosophie, nous essaierons de la traduire en partie et sommairement dans une science moderne fondamentale, la chimie, et dans une branche d'application de toute la science moderne, la biologie ; puis nous verrons comme application de la science orientale la médecine chinoise purement originaire et traditionnelle. Nous pourrons ainsi comprendre et juger la science ancienne, son utilité et sa vitalité.

Pour traduire la science ancienne dans la science moderne, il faut posséder la connaissance assez approfondie de l'une et de l'autre. Malheureusement, je suis assez profane dans la dernière. J'expose donc seulement quelques exemples d'initiation, en attendant que les Occidentaux s'intéressent à ce sujet.

1. — LA CHIMIE

La chimie, je crois, était la science la plus aimée par Fou-hi et par les anciens empereurs. Je pourrais même dire que la chimie était la seule base de toute la science ancienne chinoise. Ce qui la distingue de la chimie moderne, c'est qu'elle recherchait la nature des corps, cause de leurs propriétés. Nous examinerons la loi de Fou-hi en la traduisant dans la chimie moderne. Si elle était encore applicable, utilisable, ou au moins admissible au niveau de la chimie, nous serions étonnés de la sagesse de Fou-hi. Et si alors nous imaginons la simplicité, la naïveté, la grossièreté de ses modes d'expérimentation, nous serions surpris bien davantage.

La loi de Fou-hi peut-elle subsister en chimie moderne, comme elle subsiste encore dirigeant toute la philosophie d'Extrême-Orient, sous une forme particulière dite « esprit oriental » ? J'avoue que je le crois et je le vérifie sommairement dans l'affinité des éléments que je considère comme une question fondamentale de la chimie.

Nous ne devons pas, d'après l'In'yologie, nous attacher aux propriétés des éléments, mais chercher ce qui les produit, et ceci sans établir aucune hypothèse.

Les radiations émises par les éléments dans des conditions identiques me paraissent caractériser leur nature mieux que toutes les autres propriétés relevées par la science occidentale. La spectroscopie va nous permettre de donner une mesure de l'indice des activités Y et I. D'autre part, nous savons que la radiation longue (rouge) et la radiation courte (bleue) s'opposent l'une l'autre : la première est excitante et plus calorifique ; la seconde, calmante et moins calorifique ; par conséquent, la première est Yo, la deuxième est In. Ainsi nous pouvons considérer le spectre comme une image de la nature intime (Siki soku ze Kû). Le spectre ultra-violet ou infra-rouge sont d'autres images. (La loi de la résonance photo-magnétique de

Helmholtz est impliquée dans la dixième proposition de la loi unique.)

Outre les éléments, il faut classer tous les facteurs et tous les agents selon leur nature. Nous pourrons alors expliquer toutes les réactions chimiques, y compris l'affinité. (Je laisserai de côté les cas où le spectre d'absorption secondaire joue un rôle principal à la place des éléments principaux disparus.)

Classification spectroscopique.

Le tableau ci-joint est divisé en six colonnes : la 1re en partant de la gauche comprend les $\lambda >$ 6500, la 2e les λ de 6499 à 6000, la 3e les λ de 5999 à 5750, la 4e les λ de 5749 à 4820, la 5e les λ de 4819 à 4290, la 6e les $\lambda <$ 4289.

Le symbole de chaque élément est placé sous la λ correspondante au spectre d'absorption principal. Le choix de ce dernier a été fait d'après l'*Atlas Typischen Spectren* du Dr. J. M. Eder et Prof. E. Valenta, et la table de M. Kayser. Pour certains : F. Cl. I, j'ai été obligé, faute de documents, de fixer leur place d'après leurs affinités, les actions relatives.

Une ligne imaginaire au milieu du vert divise en deux parties le tableau tout entier. Sa place était déterminée d'avance entre les deux couleurs complémentaires voisines. Les éléments placés à sa gauche sont caractérisés par l'activité Y, ceux situés à sa droite sont caractérisés par l'activité I. Ces activités se manifestent à des degrés variables, mais on peut dire, d'une manière générale, que, deux éléments étant donnés, quelle que soit leur position par rapport à cette ligne, le plus à gauche est caractérisé par Yo, l'autre par In, vis-à-vis l'un de l'autre.

Les éléments sont classés d'après leur nature

CLASSIFICATION SPECTROSCOPIQUE
DES ELEMENTS

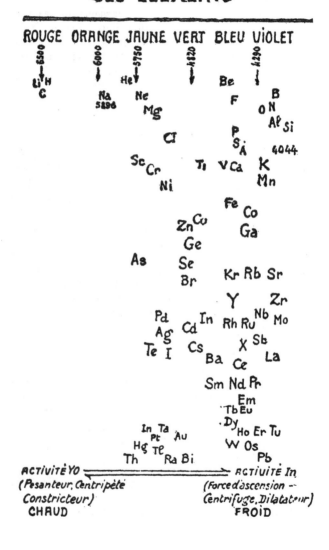

In ou Yo. Leurs attractions et leurs répulsions expliquent les réactions chimiques, car les conditions extérieures, les agents physiques, les facteurs de l'équilibre, etc., sont classés aussi In ou Yo, et cela d'une manière toujours relative, car, ainsi qu'on le verra, rien n'est Yo absolu, ni In absolu.

Nous pouvons résumer au point de vue chimique ce que nous venons de dire en quelques propositions simples, qui régissent à la fois les affinités et les réactions :

I. — Tous les éléments possèdent leur activité propre, savoir : l'activité Y ou l'activité I, de même les corps composés possèdent l'une ou l'autre, à des degrés infiniment variables et relatifs.

II. — L'activité Y et l'activité I sont opposées.

III. — L'activité Y et l'activité I s'attirent. Si un corps est en état stable (ce qui n'est jamais rigoureusement vrai), c'est que son activité propre est neutralisée momentanément par une activité antagoniste.

IV. — Tous les éléments chimiques et tous les agents physiques participent de l'activité Y ou de l'activité I. On ne peut les traiter séparément.

V. — Les éléments s'attirent d'autant plus qu'ils sont plus éloignés soit dans une catégorie particulière, soit dans des catégories différentes. La force d'attraction est plus grande dans ce dernier cas. (1)

VI. — Le pouvoir répulsif est d'autant plus grand que leur proximité est plus grande.

VII. — Les éléments caractérisés par la même activité et très proches ne se combinent pas. Il

---

(1) Cu O + H² = H² O + Cu, nous montre que le pouvoir d'attraction ou de répulsion varie avec la distance qui sépare les éléments sur le tableau. La distance de O à Cu est inférieure à celle de O à H.

faut pour les combiner disposer d'une source d'activité I s'ils sont Y, Y s'ils sont I. Exemples :

C ne se combine pas avec H, ou bien il faut :
$$2H(Y) + \text{Rayons ultra-violets } (I) + 2C(Y) = C^2H^2(I).$$

N ne se combine pas avec O, ou bien il faut :
$$N (I) + \text{Chaleur } (Y) + 2O (I) = NO^2 (Y).$$
$$(CO^2 + H^2O) \times \text{Radiation de la Lumière } \lambda 200\mu$$
$$(In) \rightarrow CHOH \qquad \text{(Bail, Baker, 1921).}$$
$$(CO^2 + H^2O) \times Mg \rightarrow \text{Aldéhyde formique}$$
(Fenton).

VIII. — L'une des plus puissantes sources d'activité Y, la chaleur, par exemple, peut changer le signe de tous les systèmes I, de même pour les systèmes Y, les rayons ultra-violets (In).

IX. — Na est typique de la catégorie Y ; K, typique de la catégorie I.

Relativité des activités des éléments.

X. — Les différents états d'équilibre doivent être représentés dans des équations où on tienne compte non seulement des composants, mais encore de tous les agents physiques et chimiques qui y participent.

(On peut par cette classification spectroscopique saisir l'origine des sciences particulières basées sur le rôle d'un élément important et bien caractérisé par sa place dans le tableau. Exemples : C et la chimie organique, H et la chimie ionique, Na-K et la chimie bio-médicale orientale, etc.)

XI. — Les éléments les plus denses sont doués de l'activité Y vis-à-vis des moins denses doués de l'activité I.

XII. — Les éléments situés dans la région centrale du tableau participent des deux activités plus ou moins en équilibre (halogènes, *catalyseurs*, métaux précieux, etc., doués tous de propriétés « mystiques »).

Explication par les activités I, Y de quelques phénomènes chimiques simples :

1. — Br (I) ne se combine pas avec Au (I), ni avec Pt (I). (Proposition VI.)

2. — 2H² (Y) et O² (I) se combinent facilement, étant de natures essentiellement différentes. (Proposition V.)

3. — H (Y) est remplacé par Li (Y) à la cathode, car celui-ci est plus riche en activité Yo.

(4) $3Fe + 4H^2O = Fe^3O^4 + 4H^2$.

Pourquoi H se dégage et non O, dans cette réaction ? Parce que : [Fe (In) + Chaleur (Yo)] + [O (In) + Chaleur (Yo)] = Chaleur (Yo) [Fe (In) + O (In)]. Mais H étant Yo ne se combine pas avec la chaleur Yo, et s'en va vers l'air In.

(5) *Antagonisme entre Calcium et Potassium.*

Ca et K diffèrent peu par leur nature d'après notre classification spectroscopique. Mais quelques-uns insistent sur leur antagonisme en physiologie et en médecine. C'est que les modes de préparation, de solution, etc., ont transformé la nature du Ca. Ca est Yo vis-à-vis de K.

(6) *Phosphore blanc et phosphore rouge.*

L'équation chimique représentant la transformation de P blanc en P rouge est : P = P.

Cependant les différences sont remarquables : l'odeur, le point de fusion, la forme, etc..., et surtout la nocuité : 0.1 gramme de l'un suffit pour tuer un homme, tandis que l'autre ne peut être absorbé par notre organisme et est expulsé intact.

D'après l'In'yologie, P blanc est un élément doué d'activité In, à un degré considérable, de même que les éléments voisins toxiques O, N, F, S, etc.

Mais dans le P rouge cette activité In a été neutralisée par la chaleur Yo au moins en partie. On a l'équation :

$$P \text{ (In)} \times \text{La chaleur (Yo)} = P \text{ (Yo')},$$

ou bien : $P \text{ (In)} \times \text{Chaleur} > 230° \text{ (Yo)} = P \text{ (Yo')}$.

La chaleur peut être remplacée par la lumière. La chimie chinoise considère sérieusement ce qui se trouve dans la parenthèse, tandis que la chimie moderne s'occupe surtout de ce qui est pondérable.

(7) $2NO^2 \text{ (Yo)} \rightleftharpoons N^2O^4 \text{ (Yo)}^{\text{Yo}}$.

NO^2 (Yo) est rouge ; N^2O^4 (Yo)^{Yo} est incolore. Pour comprendre ce phénomène, on n'a qu'à apprendre un peu de physique élémentaire ; il n'y a qu'à regarder un objet rouge à travers un verre rouge. C'est un cas assez fréquent en dehors du laboratoire de chimie, à tous les niveaux du monde pratique.

2. — LA TRADUCTION BIOLOGIQUE DE L'IN'YOLOGIE

Nous allons lire la Loi Unique dans le domaine de la biologie. D'après l'In'yologie, les êtres vivants sont soumis, comme les corps de la nature, aux lois générales du monde physique, matériel. Elle n'admet pas plus d'hypothèse ici qu'en chimie ; l'hérédité, l'évolution, la lutte pour la vie, etc., etc., sont réduits à leur cause ultime : les deux activités In et Yo.

Les algues marines et leur distribution.

Des algues marines noires très foncées, appelées Hiziki, et d'autres semblables, vivent dans la mer à une grande profondeur. Elles sont inconnues en Europe, mais très aimées au Japon et employées en thérapeutique. (En Orient se passent des choses inconnues en Europe, dans la science moderne. La botanique occidentale, par exemple, nous enseigne que les graines ne germent pas sous l'eau ; mais le riz qui nourrit tous les peuples orientaux germe merveilleusement dans l'eau.)

On parlera d'une adaptation des algues à leur milieu, l'obscurité. Mais ce n'est pas une adaptation volontaire des algues. Il faut dire que la lumière dépourvue de radiations longues (activité Yo) (80 % des radiations rouges sont absorbées par une épaisseur d'un mètre d'eau-In et 100 % par 20 mètres) ne peut entretenir la vie que des algues très Yo dans ce milieu très In. En d'autres termes, les êtres vivants sont créés et nourris par le milieu.

Chaque espèce d'êtres vivants doit être, en principe, la création particulière d'un milieu spécial. Ce qui différencie et caractérise le milieu n'est autre chose que la manifestation des actions complexes des deux activités. La même espèce peut apparaître dans un endroit quelconque et à son antipode en même temps si les conditions sont identiques. On ne peut pas dire que toutes les espèces soient dérivées d'une même origine à un moment donné dans un certain endroit.

S'il y a de grandes parentés entre les espèces, c'est que la matière (l'univers et les êtres) est la même pour tous, ainsi que la force productrice (tous les facteurs physiques) et le laboratoire (la terre).

Détermination du sexe et Parthénogénèse.

Prenons une centaine d'œufs. Nous pouvons les diviser très facilement en deux catégories In et Yo. Il va sans dire que les premiers sont longs par comparaison avec les derniers ronds. Les premiers sont mâles et les derniers femelles, parce que In produit Yo et Yo produit In. Ce n'est pas du tout une question de la probabilité; la probabilité n'existe que pour l'homme. La chimie prouvera ensuite que les premiers sont supérieurs aux seconds par la teneur en éléments In (K représentant) et ceux-ci, au contraire, sont supérieurs par leur teneur en éléments Yo (Na, représentant). De même, le spermatozoïde est long et l'ovule rond. Si la vitalité de l'ovule est supérieure à celle du spermatozoïde, leur communion donnera le sexe mâle, et réciproquement d'après la loi de la minorité ▬▬▬ et ▬▬▬ .

La femme (In) donne l'ovule (Yo), et l'homme (Yo) le sperme (In).

Les conditions climatologiques et géographiques, les facteurs et les agents impondérables jouent un rôle très important. C'est ainsi qu'on obtient, toutes choses égales d'ailleurs, plus de filles que de garçons au bord de la mer où l'activité Yo, Na, par exemple, est si abondante ; et plus de garçons que de filles dans les montagnes. (C'est ainsi que la religion des Mormons doit admettre la polygamie près du Lac Salé.) Les îles sont opposées aux continents à ce point de vue. Les sirènes n'habitaient pas dans les montagnes. « Nyogo-ga-Sima » , le pays féministe nippon où l'homme ne travaille pas et où la femme travaille est une petite île. Les nains, — les êtres contractés par l'activité Yo — habitent les îles. Il faut remarquer que le continent In peut se transfomrer en pays Yo par le fait de l'homme ou grâce à des conditions spéciales. Ainsi, si la nourriture comporte beaucoup de produits animaux Yo, ou s'il existe un grand gisement de sel, des sources d'eau très chaude, etc.

De même une île se transforme en un pays plus ou moins In grâce à l'humidité, à un courant froid de la mer, etc. La température ainsi que la lumière jouent un rôle capital. Si les habitants d'une île soumise à une température moyenne assez élevée, c'est-à-dire d'une île Yo, se nourrissent en grande partie de végétaux, de pommes de terre, ou de patates, incomparablement riches en K, ils deviennent très grands, c'est-à-dire très dilatés par l'activité In, dilatatrice ; à fortiori, les habitants des îles d'un climat plus froid, les Anglais, par exemple.

Ce sont là des difficultés insurmontables qui

empêchent aujourd'hui de lire la Loi Unique, dans les statistiques de population. Mais à l'époque de Li-ki, il y avait chaque année en Chine recensement de la population, et les statistiques de cette époque (au moins 500 avant J.-C.), où la nourriture reflétait les conditions du milieu permettent de vérifier la loi assez facilement.

La femelle d'abeille, ou « reine », pond des œufs qui, suivant le cas, reçoivent ou ne reçoivent pas de spermatozoïde. Les œufs non fécondés (ovules Yo) d'abeilles donnent toujours naissance à des mâles (Yo), grâce au défaut d'activité In apportée par le sperme, et à la supériorité absolue de l'activité Yo de l'ovule. In, reine, produit Yo, mâles. Elle ne s'accouple qu'une fois dans sa vie. Les œufs fécondés donnent tous des femelles. Ici le sexe est déterminé au moment de la fécondation. Les œufs vierges chargés d'activité Yo donnent toujours des mâles.

La déterminatiion du sexe dépend ainsi en grande partie des éléments chimiques, mais ce n'est pas tout. Il faut compter aussi les facteurs et les agents physiques. La chaleur, le froid, la sécheresse, l'humidité, la pression atmosphérique, la lumière, l'obscurité, le magnétisme, l'électricité atmosphérique, l'excitation étrangère, etc., jouent un rôle très important, et ceci surtout chez les êtres inférieurs ou simples. Une simple excitation quelconque peut être facteur Yo ou In, selon le cas. On doit comprendre ici que la reproduction, la sexualité ne sont autre chose qu'une oscillation, qu'une vibration des activités In-Yo. Les phénomènes de parthénogénèse le montrent. Certains animaux donnent par parthénogénèse exclusivement un sexe (In ou Yo) pendant une époque (Yo ou In) et à une autre raison les deux, (Puceron, par exemple.)

Si le nombre de chromosomes peut servir à déterminer le sexe, le nombre lui-même est déterminé par les activités In-Yo.

Morphologie et Physiologie végétale.

Toutes les fonctions physiologiques, la forme, la taille, la coloration, la sonorité, les tropismes, sont régis par la Loi Unique chez les végétaux, ainsi que chez les animaux.

Une plante étiolée peut former des tiges dix fois plus longues dans l'obscurité In, dilatatrice, qu'une autre exposée à la lumière (Yo, qui contracte). La sexualité et la formation des feuilles, des tiges, etc., peuvent être assimilées à une fonction morphologique ; la sexualité n'est autre chose que la formation des organes sexuels. C'est ce que la physiologie végétale moderne accepte et démontre par de nombreux exemples.

D'après Nobbé, Erdman et Schroder, le sarrasin ne forme pas d'amidon (Yo) en l'absence de K (In), dilatateur. Il est très avide de K. C'est ce que les paysans japonais connaissent depuis longtemps. Ce caractère doit être considéré dans son emploi thérapeutique.

K fait partie de tous les tissus végétaux. Il est très important, tandis que Na y est toujours moins abondant. Certaines plantes, comme le tabac et les pommes de terre, ne l'absorbent même que difficilement (M. Maquenne). K est le représentant In indispensable à la vie végétale fondamentale In, tandis que Na, représentant Yo, est moins nécessaire. (C'est très différent chez les animaux.)

Certaines plantes jaunissent quand elles sont soumises au régime du calcaire ou du carbonate de magnésium en excès (M. Maze, 1913). Ces produits chimiques sont Yo par leur nature, par leur préparation. Il y a donc excès d'éléments Yo, d'où la coloration jaune (Yo). De même, les feuilles brunes, en automne, ont une teneur en Na bien supérieure à celle des feuilles du printemps. Les betteraves (rouges) et les carottes (oranges) sont aussi riches en Na. (La carotte montagnarde ou le célèbre « ginseng » coréen est une des principales substances qui entrent dans la préparation de divers aphrodisiaques rajeunissants d'Extrême-Orient). (L'emploi d'un récipient en fer est strictement défendu dans la préparation de « ginseng », parce qu'il « tue » ginseng; le fer est fortement In, et « ginseng » est Yo. Quelle délicatesse de sensibilité chez les philosophes-médecins! Aucun médecin japonais ne peut expliquer cette défense aujourd'hui. Quelle grossièreté de sensibilité chez les modernes!)

La respiration végétale.

La respiration des fleurs ou celle des graines en germination est beaucoup plus intense que celle des autres parties ou celle à d'autres étapes du développement. Les fleurs et les graines sont les parties des plantes les plus riches en Na (Yo-représentant) qui exigent plus d'oxygène (In). En dehors de la floraison et de la germination, l'intensité de la respiration végétale est toujours inférieure à celle de l'assimilation du gaz carbonique (CO_2). Cette dernière est quelquefois dix, quinze ou même vingt fois plus intense que la première. La respiration d'oxygène et l'expiration de gaz carbonique est une fonction d'activité Yo, parce que l'oxygène est explicitement In (caractéristique de l'animal, Yo). L'assimilation chlorophillienne est une autre fonction contraire In, parce que CO_2 est explicitement Yo (c'est un produit de la combustion-Yo). Les plantes expirent l'oxygène In, parce qu'elles sont In dans leur nature.

On doit considérer, dans la biologie chinoise, que

la respiration végétale est l'inverse de la respiration animale ; le coefficient de celle-ci $\frac{CO_2}{O_2}$ correspond à celui de celle-là $\frac{O_2}{CO_2}$. La respiration doit désigner la fonction générale d'aspirer un gaz « quelconque », non pas exclusivement l'oxygène.

Les fruits et la sécheresse.

La maturation des fruits est accélérée et parfaite dans l'année sèche (M. Maquenne : *Précis de physiologie végétale*). Les fruits, d'une manière générale, sont très riches en K (In-représentant) et par conséquent favorisés par la chaleur et par la sécheresse (toutes les deux sont Yo) dans leur maturation qui n'est autre chose qu'une communion des deux activités opposées. Yo produit In. Le dicton japonais dit : « la sécheresse, c'est la prématuration parfaite des melons ! »

La respiration animale.

La respiration animale est l'opposée de celle des végétaux. Les premiers ont grand besoin d'O (In), beaucoup plus que les derniers. Les tableaux concernant le quotient respiratoire des différents poissons, de MM. Bruntriol, Kanamaru, Paryô et d'autres auteurs, le prouvent clairement. La carpe, l'anguille peuvent vivre dans une eau extrêmement pauvre en O, mais riche en CO_2, au contraire, en hiver ; ce qui démontre qu'elles sont très In (activité dilatatrice, centrifuge, donc frigorifique). Ce caractère de la carpe est utilisé dans la thérapeutique chinoise ancienne. Aucun médicament moderne n'est aussi efficace que la « pâte de carpe vivante » pour la guérison de la pneumonie-croup. (Il faut noter que l'hiver est In, et la carpe (In) à cette saison a moins besoin d'O (In). Au contraire, les animaux très Yo meurent plus vite que les précédents du manque d'O. Ils sont de petite taille, toutes choses égales d'ailleurs, le hareng par exemple. Ils sont plus actifs dans leurs mouvements; c'est la caractéristique de ce qui est Yo.

La chaleur animale.

La chaleur animale est nécessairement liée à la respiration, et cette dernière est fonction de $\frac{NA}{K}$, toutes choses égales d'ailleurs. Si la chaleur animale est liée dans ses variations à la surface de l'animal, cette dernière dépend seulement du quotient $\frac{NA\ (CONSTRICTEUR)}{K\ (DILATATEUR)}$, toutes choses égales d'ailleurs.

D'une manière générale, l'intensité de la respiration, des palpitations, des battements du cœur et de la pression carotidienne, etc., est beaucoup plus grande chez ceux dont l'alimentation est riche en produits Yo. Le sang est « froid » lorsque la teneur en K est relativement forte, représentant les éléments In, froids

Polarisation cellulaire (courant de repos, de lésion et de démarcation).

Cette énigme insoluble dans la physiologie moderne est impliquée dans la douzième proposition de la Loi Unique. In. (—) monte à la surface et attire Yo (+) : ▬▬

Na et K chez les plantes.

On trouve un grand nombre d'exemples des activités Yo de Na et In de K dans la thèse de M. D. Périetzeanu (*K et Na chez les végétaux*, 1926). On peut en tirer, au point de vue in'yologique, les conclusions suivantes qui sont une confirmation explicite de la Loi Unique dans tous les phénomènes de la vie végétale :

1. — La coexistence de Na et K, représentant les deux activités fondamentales de la vie, est universelle chez les plantes.

2. — Le rapport $\frac{K}{NA}$ est toujours au-dessus de

l'unité et supérieur à celui qui caractérise les
animaux, d'une manière générale, parce que les
plantes sont relativement plus In que les animaux,
ainsi que la morphologie in'yologique végétale nous
l'enseigne.

3. — Dans une même famille, les plantes par
leur morphologie particulière expriment dans
chaque cas le rapport $\frac{K \ \text{(DILATATEUR)}}{\text{NA (CONSTRICTEUR)}}$

4. — Na et K sont les éléments opposés qui se
complètent l'un l'autre dans la manifestation de
la vie végétale; ils y sont indispensables tous les
deux, ainsi que dans la vie animale.

5. — La teneur en K et Na chez les plantes
dépend de l'espèce, de l'origine, de l'espace, et du
temps, toutes choses égales d'ailleurs. (Le blé
d'hiver et le blé d'été par exemple.)

6. — Le maïs, par exemple, se développe
sensiblement plus en racine dans une solution riche
en Na, grâce à son activité Yo, pesanteur, au
contraire d'une autre plante à laquelle la quantité
de Na fournie est inférieure à celle qui serait
nécessaire et définie selon la famille. (La nature du
tropisme s'y dévoile.)

7. — Dans un milieu où le K a été remplacé
complètement par Na, les plantes finissent par
mourir par manque de l'activité dilatatrice In,
indispensable.

8. — Dans un milieu privé de Na et ne renfer-
mant que K, les plantes se développent parfaitement, grâce à la force dilatatrice fournie par K
qui leur permet d'attirer l'activité Yo dont la
quantité minime est tout à fait suffisante pour les
êtres In (dans le gaz carbonique, dans les
radiations lumineuses, dans l'air).

9. — La chronologie de la floraison est fonction
du quotient $\frac{K}{NA}$ selon l'espèce, l'origine, etc.

L'homme et tous les animaux succombent comme

les plantes sous l'influence du Na en excès. Une certaine dose de Na tue très facilement un enfant. De même les autres éléments chimiques voisins dans la classification spectroscopique, tels que As, Hg, Ra, etc... Mais une certaine quantité de Na est indispensable à la vie animale et à la vie végétale. La proportion de Na et de K est définie selon la Loi Unique. Tous les phénomènes physiologiques ou biologiques sont fonction de cette proportion particulière : le tropisme, la morphologie, l'homo-lyse, l'imbibition des tissus, etc...

Je m'arrête ici dans mon échantillonnage sans fin et, pour terminer, j'emprunte les paroles du savant français Laplace :

« ...Infiniment variée dans ses efforts, la nature n'est simple que dans ses causes, et son économie consiste à produire un grand nombre de phéno-mènes, souvent très compliqués, au moyen d'un petit nombre de lois générales... »

3. — LA MÉDECINE D'EXTRÊME-ORIENT

I. — *Observations préliminaires.*

Beaucoup de livres européens traduisent très soigneusement les ordonnances chinoises, mais c'est n'avoir saisi dans la médecine orientale que les caractères propres de la médecine occidentale. Ce sont certainement les moins intéressants, car la Médecine d'Extrême-Orient a trois raisons d'être : garantir la santé physique et surtout morale, pour libérer de tous les règlements restrictifs et ennuyeux l'humanité soumise seulement à la Loi Unique, est la première et la plus élevée; la deuxième est de guérir la maladie à venir ; la dernière, considérée comme inférieure et facile, est la guérison de la maladie présente.

On peut s'étonner et sourire lorsqu'on voit que ce dernier but, la thérapeutique, si difficile à réaliser dans la science moderne, est considérée ici comme le dernier et le plus aisé à atteindre. La médecine traditionnelle, incomparablement difficile à apprendre, modifiée en superstitions, n'est connue actuellement que de quelques Hiziri éloignés volontairement de la société. Les étrangers qui voudraient l'étudier ne sauraient distinguer ceux-ci parmi les soi-disant médecins traditionnels, ignorants et intéressés. Les lignes suivantes écrites par un médecin étranger, qui habita en Chine plus de dix ans, montrent combien l'incompréhension peut être complète quand on manque des connaissances chimico-biologiques et philosophiques nécessaires :

« Un Chinois verse dix sous à une souscription, faite pour calmer le génie de l'épidémie de choléra, par exemple, mais colle sur sa porte un faux reçu de cinq francs, espérant que l'esprit du mal, victime de la supercherie, n'osera pas franchir le seuil d'un homme aussi généreux, pour venir l'étiqueter lui et les siens, et cette ruse enfantine lui donne toute sécurité. Ces méthodes de ruse sont même du domaine de l'hygiène officielle. Durant la grande épidémie de peste de Canton, en 1895, les autorités, affolées devant les progrès du mal, ne trouvèrent rien mieux que de changer la date du 1er janvier qu'ils reportèrent de trois mois en arrière. Le génie de l'épidémie, en s'apercevant qu'il est arrivé à Canton avec une telle avance, ne manquerait pas de quitter la place et de laisser le pauvre monde tranquille ! »

Le parfait ridicule de ces mesures est évident si l'on s'arrête là dans l'observation, mais on aurait pu remarquer qu'elles étaient accompagnées d'un changement complet dans l'alimentation et dans le mode de vie. Les Chinois n'y voyaient sans doute qu'une idée religieuse de purification ou de vœu nécessaire dans ces circonstances, mais la base en est purement biologique. Le médecin qui rapporte ces faits et les Chinois eux-mêmes l'ignoraient absolument.

Koëmpfer, bien supérieur comme observateur à ce médecin moderne, rapporte des choses très intéressantes sur la médecine japonaise au xviiie siècle. Les malades atteints de variole étaient enveloppés d'un drap rouge, et s'il s'agissait des enfants de l'empereur, leur chambre et leur lit devaient être de cette couleur ainsi que les vêtements de ceux qui les approchaient. Lorsqu'on connaît la teneur en K du « rouge précieux de Béni », teinture extraite de la plante de ce nom, on comprend l'efficacité de ses radiations (In) pour guérir la variole (maladie Yo). De même, les Japonaises emploient encore le rouge de Béni pour les lèvres qui est efficace lors de la fièvre des menstruations (Yo) et contre les gerçures des lèvres (Yo). Un morceau de soie teintée de ce rouge soulage les yeux dans le trachome. Les petits enfants sont traditionnellement habillés de rouge, ce qui les baigne dans des radiations de K, mais aujourd'hui le rouge de Béni est remplacé par la teinture d'aniline incomparablement meilleur marché (substance extrèmement Yo). Aussi les femmes souffrent de gerçures aux lèvres et les enfants d'inflammation de la peau. La mortalité de ces derniers est d'ailleurs parmi les plus élevées du monde.

II. — La seule loi de la médecine chinoise.

La seule loi de la médecine chinoise s'explique en quatre mots « Sin do hu zi », ce qui signifie que l'homme est un produit du milieu. En d'autres termes, pour conserver la santé naturelle et parfaite l'homme doit se nourrir des produits que lui offre la nature environnante, dans les mêmes proportions qu'ils sont offerts. Ceci dit en entendant les aliments naturels, c'est-à-dire traditionnels, qui se trouvent dans un rayon de 50 kilomètres environ.

Ce n'est pas un végétarisme, ni un carnivorisme. Le carnivorisme moderne, ignorant la chimie biologique historique, a beaucoup plus d'inconvénients que d'avantages au point de vue physiologique. Cependant il peut être supportable si l'homme reste dans les limites de la loi du milieu. C'est ainsi que les habitants des régions très froides (c'est-à-dire très In d'après notre terminologie) ont une alimentation presque exclusivement animale (alimentation Yo, par conséquent), tandis que les habitants des pays tropicaux (excessivement Yo) sont presque uniquement fruitariens et végétariens (alimentation In).

Le végétarisme, ignorant cette loi du milieu, est aussi dangereux que le carnivorisme. Beaucoup de végétaux nous permettent l'assassinat ou le suicide, d'une manière assez simple : la pomme de terre, l'aubergine, l'oignon avec du miel, etc...

Notre corps consomme l'énergie aux dépens du carbone introduit sous forme d'aliments. Les cellules, unités de notre constitution, se détruisent et se reproduisent sans cesse, et toujours aux dépens des aliments. La vie peut être considérée comme une chute fluide à travers le milieu cellulaire. Le déséquilibre qui apparaît au cours de cette chute colloïdale disparaît si l'on ne continue à verser à l'amont une nourriture anormale.

La « résistance » humaine, le « terrain » résistant qu'on étudie tant dans la médecine, la plupart des causes de maladies se ramènent à une question de milieu, c'est-à-dire d'alimentation surtout, car celle-ci est le mode d'assimilation du milieu. D'une manière générale, les animaux ont une plus grande liberté que les végétaux au point de vue climatologique et géographique, qui dépend seulement de cette faculté. Mais la limite de celle-ci une fois dépassée même dans le milieu natal, ils souffrent, perdent l'équilibre physiologique, changent leur nature même. Les meilleurs exemples sont, sous nos yeux, présentés par le biologiste M. F. Houssay. A plus forte raison en dehors du milieu natal. Les coloniaux revenant en Europe tous les deux ou trois ans, mais conservant dans les pays chauds leurs modes originaires de vie et d'alimentation, ont un état de santé bien pire en général que celui de beaucoup de missionnaires vivant des années et des années parmi les populations des pays tropicaux, se nourrissant comme elles.

III. — *Le symptôme et la cause.*

Tout ce que la médecine actuelle considère comme des symptômes n'a aucune importance dans la médecine chinoise. Ce qu'on doit rechercher, c'est la cause profonde de la maladie, et ni l'hérédité, ni les microbes ne sont des causes en ce sens.

L'observation n'est pas seulement locale et porte sur la constitution entière de l'organisme, considérée comme un tout, sur ce qui a participé à sa fomation dès son origine jusqu'au moment présent, la constitution des parents, les climats sous lesquels elle a évolué, l'alimentation, le déséquilibre actuel chimico-biologique, etc... C'est dans ce sens qu'on entend le mot cause, tandis que beaucoup de symptômes aujourd'hui sont classés sous ce mot.

IV. — *Classification.*

Il n'y a que deux catégories de maladies : soit les maladies « In », dues à l'excès des éléments « in », soit les maladies « Yo », provenant de l'excès des éléments « yo ». En d'autres termes, toute maladie a deux variétés contraires. Par exemple : la *Myopie Yo* est celle dans laquelle le cristallin est grossi et arrondi à cause de l'excès des éléments Yo qui sont les éléments constricteurs, tandis que la *Myopie In* est celle dans laquelle l'œil est aplati et allongé à cause de l'excès des éléments In dilatateurs. Ces deux myopies sont tout à fait opposées au point de vue de la cause et, par conséquent, exigent une thérapeutique toute différente.

Sans cette différence fondamentale, il n'y a aucune thérapeutique exacte. C'est ainsi que le même traitement par les rayons X guérit le cancer d'un sujet, et aggrave celui d'un autre. C'est l'incertitude inévitable de la médecine scientifique. Il faut connaître la nature du rayon X tout d'abord, et ensuite la nature In ou Yo du cancer selon le cas.

Tous les médicaments et tous les agents thérapeutiques se divisent aussi en deux catégories In et Yo; les premiers guérissent la maladie Yo, et les seconds la maladie In.

Mais il ne faut pas comprendre que cette classification est rigide et qu'on pourrait en dresser une sorte de dictionnaire. Aucune médecine n'est plus difficile à apprendre ou à enseigner que la médecine chinoise ancienne. Cette classification In, Yo, ici, comme en chimie, est toujours relative. Les Allemands, par exemple, ont beaucoup étudié les ordonnances chinoises, ce qui est déjà inutile, mais les ont même étudiées quantitativement, ce qui est plus grave. L'application des doses indiquées pourrait être très dangereuse pour les Occidentaux dont la constitution chimique, fonction du milieu, est bien différente de celle des anciens Chinois. La thérapeutique des anciens médecins japonais est déjà inutilisable dans beaucoup de cas aujourd'hui au Japon même, dont les habitants ont changé beaucoup leur manière de vivre depuis leur européanisation. D'ailleurs, les grands médecins n'indiquaient jamais la dose à conseiller, car elle varie suivant la constitution, l'évolution de la maladie, le climat, la saison, les maladies antérieures ou simultanées, etc...

La catégorie dans laquelle doit se classer un médicament ou une maladie, n'est pas déterminée une fois pour toutes.

La carpe, par exemple, étant animal, est Yo sans doute vis-à-vis des végétaux. Mais, comme il est expliqué plus haut, elle n'exige pas beaucoup d'oxygène (In), et elle supporte très bien le gaz carbonique CO_2 comme le végétal; et, en effet, elle guérit le cancer Yo, la pneumonie-croup Yo, etc., incomparablement. Elle est donc très In par comparaison aux autres poissons. Mais la carpe bien cuite ou grillée est Yo.

L'inflammation d'un organe est évidemment Yo. Mais l'élément Yo, ClNa (sel) par exemple, ou le facteur Yo, le feu, par exemple, qui la produit peut être remplacé par la glace In. Une cause In produit une conséquence In nécessairement, mais en excès elle aboutit à une conséquence Yo. (L'homéopathie comme l'antipathie doit trouver sa base inébranlable dans ces notions.)

V. — *La consultation.*

La notion de cause étant toute différente ici de ce qu'elle est dans la médecine étrangère, la consultation est nécessairement synthétique et macroscopique. La cause In ou Yo une fois définie par la consultation, la manifestation et la localisation de la maladie sont peu importantes, parce qu'elles peuvent varier infiniment selon l'état, l'âge et la constitution du malade, selon le milieu et la saison.

Le médecin doit observer le malade dans toutes les manifestations de sa personnalité, c'est-à-dire de sa constitution chimique, puis coordonner par la réflexion ce qu'il a observé. L'observation est en grande partie morphologique, puisque la forme et la couleur sont déterminées par l'ensemble des facteurs physiques et chimiques.

L'observation portera donc sur le rapport des segments du corps, sur les yeux, les cheveux, les ongles, l'oreille, la voix, la marche, l'écriture, etc.

Le pouls est observé très minutieusement, beaucoup plus que dans la médecine actuelle.

VI. — *La thérapeutique.*

Aucune thérapeutique symptomatique et palliative n'est permise en principe dans la médecine orientale.

a) Les opérations, amputations, curetages, etc., sont des méthodes absolument méprisées comme des barbaries d'une médecine ignorante qui manque des meilleurs traitements internes et progressifs.

b) Les traitements physiques (réfrigération par la glace, corset de gypse, support en fer, etc., etc.) sont tous des palliatifs brutaux, inutiles et nuisibles. L'hydrothérapie, l'électrothérapie, la radiothérapie, etc., sont aussi des palliatifs, manquent de souplesse et de base scientifique.

La moxation, l'acupuncture, le massage, et beaucoup d'autres thérapeutiques physiques inconnues en Europe, sont aussi des palliatifs et ne sont permis qu'en cas d'urgence.

Le bain est permis comme accessoire d'une manière générale.

c) La sérothérapie, la vaccination, l'opothérapie, sont encore des palliatifs. Ces méthodes sont connues depuis l'antiquité. L'histoire cite beaucoup de personnes qui s'ouvrirent le ventre pour donner leurs organes à ceux qu'ils aimaient et les sauver ainsi.

VII. — *Médicaments*.

Tous les médicaments sont des produits naturels, ils sont très nombreux et très variés, tellement que l'*Encyclopédie médicale* de Li Che-tchen, publiée en 1578, comprend 52 volumes.

Ils sont divisés quant à leur mode d'action et à leur efficacité en trois catégories : inférieure, moyenne, supérieure.

Ceux de la catégorie inférieure sont comparables à ceux de la pharmacologie moderne, c'est-à-dire qu'ils sont les plus efficaces, au moins momentanément, mais toujours nuisibles ou dangereux. Ils sont jusqu'à un certain point palliatifs et symptomatiques, on ne les emploie en principe que dans des conditions spéciales, pour éviter une opération, par exemple chez un malade très âgé.

Les médicaments moyens se rapprochent plus des aliments habituels. Ce sont en général des produits secondaires du milieu, contrairement aux médicaments supérieurs qui sont les produits naturels principaux. Ceux-ci suffisent à guérir et on peut dire que, seuls, ils peuvent guérir parfaitement. Les autres ne sont employés que provisoirement et comme accessoires. (On n'a pas besoin de faire manger des glandes pour guérir une glande malade. On sait la cause intime qui produit la maladie et on l'attaque par les produits naturels principaux, d'une manière exacte.)

En résumé la médecine chinoise ancienne considère l'être vivant comme des aliments transformés, et la maladie comme un phénomène de déséquilibre produit au cours de cette transfomation. Par conséquent, toute maladie se guérit en principe par un simple ajustement de l'alimentation. En pratique le traitement est très simple.

4. — LA PHYSIQUE, LA MÉCANIQUE ET LA
MATHÉMATIQUE CHINOISES

La Physique.

Comme nous l'avons vu dans l'Introduction, la science à proprement parler ne pouvait exister en Orient, en esprit oriental. La science abstraite, ou l'enseignement scientifique, était assimilée à la philosophie dès l'époque de Fou-hi. Les peuples anciens, agriculteurs et pasteurs, n'avaient pas besoin de science. Ils possédaient la « conscience parfaite » ou « l'instinct-intuition » (d'après notre terminologie), qui peuvent être considérés comme analogues aux fonctions mentales extrêmement développées dans les sociétés dites inférieures, telles que le sens de la direction, la mémoire, etc., d'après M. le Prof. Lévy-Bruhl.

En fait, on peut tirer toutes les sciences physiques et mathématiques sans beaucoup de difficultés de la philosophie ancienne chinoise ou hindoue, ainsi que les sciences psychologiques, économiques ou sociologiques. Mais les augustes et les empereurs, les philosophes hindous et chinois gouvernaient les peuples vers la négligence, le mépris de la « science », pour développer les fonctions mentales jusqu'au bout : la « Conscience Parfaite ».

« La connaissance scientifique produit l'homme médiocre, aveuglé de désirs lamentables », dit Bouddha.

« Ton inconscience (spontanéité) », c'est la « conscience » parfaite de Bouddha », dit Rinzai.

« Savoir est une fièvre », dit Lao-tseu.

« Les savants ont des difficultés insurmontables à comprendre le Tao, qui est facile à pratiquer pour les ignorants », dit Lao-tseu.

Un disciple de Confucius conseillait à un paysan d'employer le seau de puits à grand levierpont (une machine simple), au lieu de son va-et-vient perpétuel et fatigant entre les champs qu'il irriguait et le ruisseau. Celui-ci répondit : « Jeune homme, je vous remercie. Mais je regrette que vous ne compreniez pas qu'on doit apprendre la vraie signification de la Loi Unique, Tao, par le travail, qu'on doit se libérer de la sagesse utilitaire humaine. Vous n'avez pas un bon maître, peut-être, ou votre maître ne sait pas comment enseigner le Tao. Je le regrette. » Confucius approuva les paroles du paysan.

L'architecte traditionnel nippon ignorant complètement la physique, la géométrie, la mathématique, doit les inventer lui-même, depuis la règle, le théorème de Pythagore, jusqu'à la loi d'or d'esthétique, pour construire une pagode à cinq étages en bois parfaitement anti-sismique ; mais il ne conserve pas le secret découvert au cours de ses travaux pénibles, ni ne l'enseigne à ses apprentis (voir l'esprit nippon).

Il est donc évident que la mécanique, la mathématique, la physique n'existaient pas sous une forme systématisée. Mais il ne faut pas confondre ce mépris de la science avec l'absence de science. La science peut-elle exister sans la philosophie ? La philosophie peut-elle exister sans aucune connaissance scientifique ?

La science n'est-elle pas toujours gouvernée par l'instinct ? La science qui prévoit n'est-elle pas une magie si elle n'explique la cause ultime ? La philosophie qui « explique » la cause intime implique nécessairement la science.

Prisme.

Les anciens Chinois connaissaient la même gamme spectrale que nous. Ils l'utilisaient admirablement dans la pentologie biologique. Ils connaissaient les effets physiques et physiologiques de toutes les radiations lumineuses. Avaient-ils déjà inventé le prisme ? J'ai l'impression qu'ils employaient un prisme quelconque. S'ils étaient arrivés à la connaissance parfaite du spectre sans utiliser le prisme, nous devrions croire que leurs facultés intuitives et instinctives, leurs fonctions mentales étaient extraordinairement développées.

Gravitation.

On peut établir la loi d'attraction théoriquement par la Loi Unique d'après notre théorie de la connaissance et la théorie de l'Etre. La sixième proposition de la Loi Unique nous enseigne que les activités In et Yo forment des agrégats, les êtres qui s'attirent les uns les autres. La polarisation In-Yo est nécessairement la cause de la gravitation. Yo étant la force centripète, In la force centrifuge, le centre des agrégats représente nécessairement le centre d'attraction. C'est un tourbillon perpétuel, non pas plan, mais sphérique. La force agit suivant des sphères concentriques de surface $\pi(2r)^2$. Si les rayons de deux sphères sont entre eux comme 1 et 2, les forces seront comme $\frac{1}{4N \times 1^2}$ et $\frac{1}{4N \times 2^2}$, c'est-à-dire comme 1 et $\frac{1}{4}$. La force d'attraction est donc inversement proportionnelle au carré de la distance.

Théorie atomique du Proton-Noyau.

M. le Prof. Tanakadate de l'Académie Impériale des Sciences m'apprit, après avoir lu mon exposé sur la classification spectroscopique, que son collègue, M. le Prof. Nagaoka, s'occupe très profondément de cette question. J'ai appris récemment que c'est M. Nagaoka qui a établi la théorie atomique du proton-noyau. Avant de connaître ce fait, je la considérais comme une traduction de la

Loi Unique, mais je m'étais souvent demandé pourquoi cette théorie avait une physionomie si orientale. Je crois que M. le Prof. Nagaoka, comme son vieil ami M. Tanakadate, avait appris sans doute, dans son enfance, il y a déjà 70 ans environ, alors que l'enseignement traditionnel était encore en vigueur dans tout le Japon, les quatre Livres et cinq King, les Canons de l'In'yologie, et qu'après de longues études, il est revenu vers son enfance, à la Loi Unique, non pas grâce à la science, mais par sa « conscience » cultivée autrefois par l'enseignement traditionnel. Il reprend la Loi Unique inconsciemment sous une forme très moderne, en physicien. Peut-être me trompé-je en attribuant cette théorie à M. Nagaoka, mais je serais plus heureux encore si possible de cette erreur, car elle me prouverait que quelques esprits occidentaux sont capables d'une conception du monde et de la matière analogue à celle de la science ancienne d'Extrême-Orient.

Astronomie, Géométrie.

Je n'ai rien à ajouter à ce que M. le Prof. A. Rey dit dans le livre IV de la « Science Orientale dans l'Antiquité ». J'y ai trouvé au contraire un grand nombre de notions qui me manquaient avant.

Mathématique et Mécanique.

Ayant appris que les anciens Chinois prévoyaient les éclipses, qu'ils observaient les taches noires du soleil, leur périodicité et leur influence universelle, qu'ils connaissaient déjà l'intensité respiratoire, qu'ils définissaient la vitesse de la circulation du sang (ils faisaient des opérations difficiles même, ou surtout pour nous, telle que l'ouverture du sein et du ventre), qu'ils savaient distinguer par l'auscultation, les bruits particuliers de chaque organe : l'estomac, les poumons, le cœur, le foie, les reins, etc. ; qu'ils employaient toutes les machines simples fondamentales dans la vie pratique ; qu'ils fabriquaient un grand nombre d'armes assez développées et très variées ; qu'ils construisaient des palais magnifiques, des forteresses, on n'aura pas beaucoup de difficulté à imaginer que leurs connaissances mathématiques et mécaniques étaient pratiques. Leur astronomie, leur logique dans la construction des caractères symboliques et idéographiques et graphiques, langue écrite commune à tous les peuples chinois sont admirables, et elles nous prouvent incontestablement une supériorité logique et mathématique. Les bâtons de Logos qui traduisent les phénomènes en deux catégories idéologiques distinctes (la première implique exclusivement la causalité chronologique et la deuxième, la causalité dans l'espace ; leur permutation complète : 64 symboles et les lois très complexes qui définissent les rapports entre ces symboles ; la traduction de chaque bâton de ces 64 symboles, soit 384 symboles constituants) ; les 50 baguettes de bambous préparatoires à la divination que je ne traiterai pas dans cet exposé, dont la manipulation est assez intéressante au point de vue mathématique, tout cela nous confirme une connaissance mathématique avancée. (Plus tard, ils inventèrent divers appareils de calcul, tels les 200 bâtonnets japonais qui permettent d'extraire la racine carrée ou cubique, diverses abaques très pratiques que j'emploie au lieu de la règle à calculer.)

L'arc nippon, long de plus de deux mètres, a des particularités remarquables au point de vue physique et mécanique, ainsi que les sabres japonais qui sont relativement modernes. Le métal de ces derniers contient une proportion délicate de molybdène ; ils étaient fabriqués toujours dans les montagnes, loin de la mer (les conditions sont très importantes : abondance d'activité In), par des maîtres qui observaient rigoureusement les lois physiologiques particulières conformément à la loi Sin do hu zi, et toujours de limonite amorphe (Fe^3O^4) dont la science moderne ne connaît pas l'emploi industriel. Leur courbure, leur construction métallurgique particulière qui tue la conductivité des chocs violents au combat à la main, etc., dépassent la connaissance physique et mécanique ordinaire.

La Climatologie.

Le Canon de l'empereur Houang-ti nous rapporte de longues discussions très animées entre ministres-philosophes et savants qui obligeaient l'empereur à déclarer la fin, l'arrêt sans conclusion en enregistrant des diverses opinions sur des questions scientifiques. L'une de ces discussions remarquables est celle de la détermination physiologique et médicale de 4 degrés ou natures des aliments et des médicaments : Yo extrême, Yo tempéré, In tempéré et In extrême. Laissons cela de côté. Mais la détermination géographique de ces 4 degrés climatologiques est très importante dans les sciences naturelles et dans leurs applications. C'est pour cette raison que Isiduka-Sagen, grand esprit scientifique nippon, fondateur de l'école de la Renaissance de la Médecine traditionnelle (l'origine de la Société actuelle de Médecine traditionnelle), reconnue d'utilité publique, fit, il y a une quarantaine d'années, une proposition à la science moderne pour modifier la division des 5 zones habituelles en 8 zones : 2 tropicales, 2 tempérées, 2 fraîches et 2 froides. Cette division est la traduction physique et biologique de la Loi Unique. Elle est très importante en biologie, en médecine, en histoire, en géographie économique ; la distribution des végétaux et des animaux, des races, la différence physique et morale des races, etc., s'y rattachent.

Mon maître M. Nisibata précisait nettement quatre zones de 22°5 chacune des deux côtés de l'équateur. Pour ma part, je les ai modifiées, pour supprimer la rigidité de cette division, en leur substituant les trois lignes irrégulières homothermales contournant le globe terrestre indiquant trois températures moyennes : 20°, 10° et 0°, toujours des deux côtés de l'équateur.

En résumé, je ne pense pas que l'Orient doive être fier de l'ancienneté de sa philosophie. Ni l'ancienneté, ni la nouveauté ne sont la supériorité. La philosophie d'Orient est d'ailleurs un produit nécessaire, grâce purement et simplement a son « milieu » biologique, de même que la science occidentale. L'Orient, mère de la philosophie triste de Çûnya, est ensoleillé, chaud et gai, tandis que le berceau de la science éclatante est couvert, sombre et triste. L'histoire est la traduction biologique de la géographie. L'histoire et la géographie ne sont autre chose que l'évolution de la Loi Unique.

CHAPITRE IV

CHAPITRE IV

L'Esprit des Peuples Orientaux

Nous allons examiner enfin dans ce chapitre, pour terminer nos études sommaires, ce qui s'est passé depuis 2500 ou 3000 ans dans la philosophie et dans la science d'Extrême-Orient, et l'état auquel l'esprit chinois, l'esprit hindou et l'esprit japonais sont arrivés au xxᵉ siècle.

1. — L'Esprit Chinois

Les peuples chinois sont les représentants de la philosophie positiviste la plus ancienne du monde. Leur philosophie s'appuie, comme nous l'avons vu, sur des recherches scientifiques poursuivies de siècle en siècle. Elle ne montre aucun élément superstitieux, ni religieux, ni mystique dans son origine. Elle était tout à fait pratique. Elle ne personnifiait pas l'idée de la création en un dieu personnel. Elle nomma la Loi Unique qui régit le monde « le Ciel » (le Soleil), mais ce n'est pas le ciel que nous comprenons physiquement aujourd'hui. Cette philosophie réussit à créer un enseignement universel et gouverna admirablement les peuples assez longtemps, jusqu'à l'époque de Confucius. L'écriture la plus philosophique et la plus symbolique du monde montre des qualités d'intuition, de synthèse, et un esprit pratique extraordinaire à ceux qui l'étudient profondément dans son origine. Elle liait et unifiait tous les peuples chinois dispersés sur tout le continent de l'Asie centrale, parlant des langues diverses, pendant l'époque préhistorique. C'était une langue écrite commune. (D'après Li-ki la population à ce temps-là était de 308.000.000.)

Le pragmatisme chinois se développait avec l'écriture ; l'astronomie, la mathématique, l'industrie et surtout la physiologie se perfectionnaient. Mais tout le pragmatisme ensuite commença à décliner vers la décadence. A mi-chemin de cette décadence, les philosophes luttaient pour défendre le bonheur des peuples : Confucius, Lao-tseu, etc...

Le premier était beaucoup plus moderne dans sa pensée que Lao-tseu. Il prêchait la même philosophie ancienne, mais était très éloigné d'elle, tandis que Lao-tseu avait vécu la philosophie elle-même. Il ne commença ses études sérieuses de l'I-King, la philosophie de Taikyoku, qu'à l'âge de cinquante ans, et il les continua jusqu'à sa mort. Auparavant, il enseignait plutôt une sorte de morale, un ensemble de règlements conventionnels obligatoires. A ce point de vue, Lao-tseu lui était bien supérieur ; il s'occupait exclusivement de la philosophie ancienne de Fou-hi, d'après I-King.

Confucius un jour fut critiqué et même reproché très sévèrement par Lao-tseu, mais il écouta et accepta tout. Après son retour, un de ses disciples lui demanda ce qu'il pensait de Lao-tseu.

« Je ne suis pas étonné de voir les oiseaux voler, les poissons nager, les quadrupèdes courir. Je sais qu'on prend les poissons dans les nasses et les quadrupèdes dans les filets, et qu'on perce les oiseaux à coups de flèches. Quant au Dragon, j'ignore comment il peut être porté par les vents et les nuages et s'élever jusqu'au ciel. J'ai vu aujourd'hui Lao-tseu : il ressemble au Dragon », dit-il.

Sa doctrine était donc nécessairement loin de la philosophie originaire. Il mourut à l'âge de 70 ans.

« Je suis arrivé enfin à une étape où on ne viole jamais la Loi, en obéissant aux désirs », dit-il.

C'est là le monde où l'on n'a pas besoin de s'efforcer d'agir conformément à des règlements conventionnels nombreux. C'est le monde de Taikyoku, l'univers de Sûnnya et de Tao. C'est un monde idéal qui ne nécessite aucun artifice humain ; c'est la philosophie de la spontanéité, où tout est parfait.

« La vertu est légère comme une plume qui vole à tout vent. (Elle est partout délicate et exquise.) Mais elle s'accompagne encore d'une trace d'artifice, comme la plume a un certain poids quoique imperceptible. Le Tao, la Loi Unique (Sûnnya), n'a aucune pesanteur, ni sonorité, il embrasse et dirige l'univers entier ! », dit-il enfin, arrivé au Tao, après les longues études de l'I-King.

Lao-tseu dit : « La seule chose que je craigne, c'est d'agir » (d'après « moi » petit, et non d'après la Loi Unique).

« Luttez contre la fièvre de tout savoir. »

« C'est par l'absence de pensée et de réflexion (la connaissance) qu'on peut s'initier au Tao... La parole inactive avait raison et la folie opiniâtre n'en était pas loin. Or, celui qui sait ne parle pas ; celui qui parle ne sait pas. C'est pourquoi le sage suit le système du silence. On ne saurait parvenir au Tao ; on ne saurait parvenir à la vertu... »

« Le cérémonial est l'hypocrisie mutuelle. »

« On peut dire, en conséquence : lorsqu'on perdit le Tao, la vertu le remplaça ; lorsqu'on perdit le sentiment d'humanité, la justice le remplaça ; lorsqu'on perdit la justice, le cérémonial le remplaça. Le cérémonial est la dernière floraison (c'est-à-dire la dernière dégénérescence) du Tao, et le principe du désordre. »

« L'homme (Yo) se nourrit et est gouverné par la Terre (In) ; la Terre est gouvernée par le Ciel (Yo) (le Soleil) ; le Ciel est gouverné par le Tao, et Tao par la Grande Nature (Taikyoku) », dit Lao-tseu.

Tao est la Loi Unique, la Nature. Un simple

paysan, observant l'obéissance absolue à la nature, le comprend et est heureux, jouissant d'une vie longue et paisible.

Le savant infatigable et obstiné, cherchant à tout connaître et s'efforçant d'en trouver les lois fondamentales, finira très probablement sans connaître le Tao.

La philosophie d'Extrême-Orient est une macrobiotique simple et facile à observer par un ignorant, mais presque impossible « à comprendre » par un savant; comme la différence entre la mortalité des paysans et celle des physiologues ou des médecins le prouve.

Ces deux grands monuments de l'humanité, l'enseignement de Lao-tseu et celui de Confucius, à moitié détruits par les guerres et recouverts de mousse, sont-ils abandonnés ?

La philosophie ancienne de Fou-hi est-elle oubliée ?

Non! Malgré les injures du temps et l'usure des siècles, toute la philosophie, tout l'enseignement subsistent, à cause de leur simplicité et supériorité absolue. Si la civilisation occidentale et la colonisation matérielle ou spirituelle peuvent s'étendre sur la Chine, elles seront assimilées dans Taikyoku, un jour ou l'autre; comme le feu (symbole de la civilisation matérielle d'après Fou-hi), si violent soit-il, monte et disparaît dans l'air, grande In.

Sur l'avenir de la Chine, le premier Auguste, Fou-hi, dit simplement : « Ten kô ken ! » (L'évolution du Tao est parfaite!). C'est la première phrase que nous rencontrerons dans I-King.

Si nous voulons savoir ce que promet l'état présent de la Chine, il montrera le « Sin » des bâtons

de Logos :   ☷

Voilà le Dragon qui dort sous la terre. Au-dessus de lui, la foule danse, se bat, crie. Malheureux sont les Occidentaux qui l'ignorent. Le Dragon dort!

2. — L'ESPRIT HINDOU

Les Indes sont des pays très Yo. Le soleil les brûle toute l'année. Par conséquent, ce qui y pousse, pour supporter une telle chaleur, doit être très In dans sa nature. C'est donc une végétation magnifique qui couvre toutes les Indes. Les fruits, extrêmement riches en K (indice de l'activité In), sont abondants, ainsi que les autres produits In, dont se nourrissent les hommes. Parce qu'il y fait chaud, on ne peut pas travailler énergiquement; on est forcé d'être calme. Leur philosophie est donc nécessairement méditative, se retirant des actualités subtiles et se cachant dans les forêts fraîches.

Les Hindous sont donc arrivés à la philosophie de Brahman ou de « Sûnnya » (« Ku » en chinois et en japonais). Les sentiers qui les ont dirigés vers ce sommet sont tout à fait différents de ceux des Chinois, mais tous ont le même point d'aboutissement, bien que les écoles philosophiques, les religions et les sectes soient nombreuses aux Indes, et que quelques-unes semblent contraires à quelques autres.

Sûnnya, c'est l'âme de toute la philosophie hindoue, ainsi que de toute philosophie d'Extrême-Orient. Elle est très difficile à comprendre, surtout pour les Occidentaux; presque impossible à saisir dans son esprit quand elle est traduite littéralement par le « Vide » ou « empty ». Peut-être quelques-uns, après de longues études, comprendront cette conception de Sûnnya, mais ils ne pourront pas la sentir telle qu'elle est en réalité. Combien de Japonais la comprennent à travers la traduction chinoise « Ku » ? Je l'ignore.

Celui qui la comprend parfaitement doit la vivre lui-même, et ne peut pas vivre autrement : c'est

un bouddha. La connaissance de « Sûnnya » ne
vaut rien ; la compréhension de « Ku » non plus,
de même que celle de Tao et de Taikyoku. On ne
la comprendra jamais sans se trouver soi-même au
plein centre de la Loi de la nature. Ce n'est pas
par la « connaissance » telle que nous l'avons
définie dans la théorie de la connaissance, mais
par la « conscience » elle-même, qu'on peut comprendre « Sûnnya ».

Plus on étudie le Çûnya dans des livres innombrables, plus on s'éloigne de lui. Plus on est
moderne ou analytique dans l'esprit, moins on est
capable de le saisir.

Il n'existe pas à l'origine de différence entre la
philosophie hindoué et la philosophie chinoise.
Elles s'éloignèrent l'une de l'autre grâce au milieu
où elles se développaient.

Cet éloignement était déjà remarquable à
l'époque de Confucius et de Çâkya. La philosophie
hindoue était purement philosophique, méditative
et mystique, tandis que celle des peuples chinois
était pragmatique et scientifique. C'était une conséquence nécessaire due à la différence des peuples ;
les uns réprésentant le continent froid In, au nord
des montagnes les plus élevées, et les autres les
pays chauds Yo, au sud de ces montagnes. Les uns
se dirigèrent vers une morale nationale, les autres
vers la religion.

La théorie de la connaissance est, par exemple,
beaucoup plus développée aux Indes qu'en Chine,
de même que celle de l'être. Les livres qui en
traitent sont innombrables. La logique est tout à
fait particulière. Ce qui correspond au syllogisme
grec comprend trois, quatre ou cinq propositions
tout à fait en ordre inverse :

1re proposition : Il y a le feu dans la montagne !
2e proposition : Parce qu'il y a de la fumée, un
« phénomène » produit.

3ᵉ proposition : Comme dans le foyer, par exemple.

(La dernière proposition est toujours une métaphore.)

C'est l'intuition qui agit dans la logique hindoue : c'est-à-dire cette logique reproduit l'ordre de notre connaissance dans la vie quotidienne.

La psychologie, la médecine, la physiologie étaient extrêmement développées aux Indes dans l'antiquité, et ceci toujours beaucoup plus philosophiquement que celles de la Chine. Par conséquent, elles sont beaucoup plus difficiles à comprendre que celle-ci. Les modernes ne comprennent pas du tout la médecine chinoise ancienne; personne, à fortiori, la médecine des anciens peuples hindous. Chose curieuse, nous rencontrons (au Japon) des prêtres ou des philosophes bouddhistes, mais malades eux-mêmes! Ils veulent sauver le monde comme les bouddhistes anciens, mais ne savent pas se sauver eux-mêmes! Le bouddhisme qui ne sauve pas de la maladie physique, peut-il sauver de la maladie spirituelle, c'est-à-dire de la continuité du « moi » petit ? Seuls ceux qui la vivent physiologiquement comprennent cette philosophie.

Comme en Chine, toute la science est unifiée dans la philosophie. Cette dernière est aussi une macrobiotique, ou même elle est au delà de la macrobiotique : Nirvâna, la vie éternelle, la vie dans Sûnnya.

Les prêtres de toutes les religions hindoues ainsi que les philosophes en Chine devaient connaître la médecine, c'est-à-dire qu'on réalisait une administration idéale d'A. Comte. Les prêtres sauvaient non seulement les âmes des misères spirituelles, mais aussi des angoisses physiques.

La supériorité transcendante de la médecine ancienne des Indes et de Chine apparaît dans la

vie des grands prêtres et des grands philosophes,
c'est-à-dire dans leur santé, leur tranquillité, leur
sang-froid et dans leur sourire imperceptible, mais
perpétuel, reflet de la satisfaction supérieure. On
dit que Çakya est mort à l'âge de 80 ans. Une vie
de quatre-vingt ans, dans un pays où tous les êtres
vivants sont extrêmement précoces, est remarquable ; elle équivaut à une vie de cent ans et plus
sous les climats tempérés. Sinran mourut à l'âge
de 90 ans, après avoir vécu une vie pleine de difficultés.

Çakya synthétisa toutes les religions des Indes
préhistoriques dans le bouddhisme, dont l'esprit
originaire ne subsiste presque plus dans le bouddhisme hindou d'aujourd'hui. Mais nous pourrons
considérer le bouddhisme originaire comme représentant toutes les religions anciennes, parce qu'il
ne contient aucun élément nouveau. Ceci dit,
méditons profondément ce qu'il nous enseigne :
Amida, Karma, Goun (cinq éléments) et Çûnyatâ.
Nous trouvons que Çûnyatâ est exactement l'équivalent de Taikyoku ; Amida est identique au Tao
personnifié ; Goun, aux agrégations des deux activités, et Karma n'est autre chose que la loi énergétique des deux activités In-Yo.

Ainsi, par cette entente in'yologique, nous
autres, modernes et analytiques dégénérés, « com-
prendrons » un peu mieux, ou un peu plus facilement, le bouddhisme et ensuite toute la philosophie hindoue.

Amida possède un grand nombre de noms :
Muryôkô, Nyorai, Sinnyo, Itinyo, etc... Tout cela
signifie : « ce qui paraît présent », « ce qui paraît
absent », « la lumière éternelle », etc. On y voit
nettement la parenté avec le Tao, Taikyoku, que
nous avons étudié au chapitre II.

Après la mort de Çakya, le bouddhisme se divisa
en deux sectes fondamentales : le « Mahâyâna »

(Grand Bouddhisme) et le « Hînayâna » (Petit Bouddhisme). Le premier est beaucoup plus philosophique et religieux, et le deuxième plus moral. Par le mot « religieux », entendons ce qui nous dirige vers la liberté parfaite du Taikyoku, Çûnya, et par le mot « moral », ce qui nous mène à la liberté limitée du « moi » petit. (D'après la théorie de la connaissance d'Extrême-Orient.)

Ces deux sectes fondamentales se ramifièrent beaucoup aux Indes, en Chine et au Japon à travers les siècles. Le Mahâyâna disparut aux Indes et en Chine. Il fut importé au Japon de Chine, il y a une douzaine de siècles, il s'y développa parfaitement, et y reste encore vivace. On le connaîtra nettement par les paroles de Sinran.

Avec le bouddhisme, un grand nombre de mots sanscrits furent introduits dans les langues chinoise et japonaise. Mais aucune philosophie, aucune science chinoise ne furent introduites aux Indes en même temps. Les linguistes et les historiens se taisent sur ce point. Quelques-uns disent que cela est dû à l'infériorité des civilisations chinoise et japonaise. Mais la philosophie chinoise, déjà parfaite avant l'époque de Confucius, était aussi ancienne que la philosophie hindoue, et l'esprit en était d'ailleurs identique. Quelques autres disent que les Chinois venus aux Indes à cette époque n'étaient que des commerçants ignorants. Mais je ne crois pas que les anciens Chinois étaient tous si égoïstes et si matérialistes. Quelques étudiants et savants chinois allèrent aux Indes ; et d'ailleurs, quelques prêtres bouddhistes hindous même vinrent en Chine et y restèrent longtemps.

Mon opinion sur ce point est simple. La philosophie née aux Indes, pays chauds Yo, sous le soleil brûlant, visait comme un but inévitable la fraîcheur de l'ombre dans la forêt vierge, la tranquillité, la profondeur de la contemplation, tout ce qui est le plus In. Au contraire, la philosophie née sur le plateau central de la Chine, en plein centre de la « fraîcheur » In, avait le Soleil, le « Ciel », la Grande Chaleur, la Force, l'Energie, la Matière comme idéal. Elle était ainsi Yo. Les peuples chinois étaient actifs, avides de tout; ils accueillirent la philosophie hindoue. Mais pragmatiques, matériels, ils abandonnèrent le bouddhisme à la fin. Quant aux Hindous qui, au contraire, se résignent, se retirent, se cachent, refusent la lumière et la chaleur, qui méditent dans la fraîcheur de la forêt originaire, ils ne veulent même pas imaginer la chaleur, l'activité, l'énergie, le mouvement comme les Chinois. Par conséquent, ils ne pouvaient accepter la moindre partie de la philosophie plutôt scientifique de la Chine, bien que celle-ci en esprit fût identique à la leur. C'est ce qui passe à présent pour la civilisation matérielle de l'Occident. Elle est insupportable aux Hindous. Aucune contrainte ne réussira jamais dans cette importation. L'histoire de trente siècles le prouve. Il faut cesser de déranger la contemplation des Hindous extrêmement modestes, adorant la tranquillité de la forêt vierge. Le pragmatisme ancien chinois fut repoussé, à plus forte raison la civilisation scientifique moderne.

L'état présent des peuples hindous est traduit par le symbole « Hi » (l'Empêchement) :

La force d'ascension In, symbole Kon ≣≣ , est écrasé par la lourdeur Yo, symbole Ken ≣≣≣ Cette oppression ne peut pas être un état durable.

3. — L'Esprit Japonais

Je ne parle pas du Japon d'aujourd'hui. Sauf les vieilles familles traditionnelles, il a perdu le véri-

table esprit oriental, sans avoir su gagner le
véritable esprit occidental. Il a seulement retenu
de celui-ci une salade russe américanisée, de com-
munisme, de capitalisme, de cinéma et de jazz.
N'ayant pas retrouvé d'équilibre en dehors de celui
qu'il a quitté, qui seul lui était propre, il ne présente aucun intérêt pour le moment.

Le Japon ancien n'avait aucune métaphysique,
ni science, ni religion morale, ni aucune idée telle
que l'Enfer ou le Paradis. C'était et c'est un pays
des habitants de la « conscience ». Le « Koziki »
(l'Histoire de l'antiquité, qui date de plus de
1.200 ans) le prouve. C'est une histoire naturelle
de la création de l'univers, de longs voyages et
d'aventures à travers les océans que les ancêtres
japonais achevaient à l'époque préhistorique. (Le
Sintoïsme n'est qu'un culte national des ancêtres,
rien de plus.) La seule chose qui l'intéressait
était la vie pratique; c'est donc le réalisme qui
dirigea le peuple nippon depuis son origine jusqu'à
aujourd'hui. Voyons très sommairement ce qu'est
ce réalisme nippon. On dit très justement que les
Japonais sont les « imitateurs » de la civilisation
occidentale, les plus adroits du monde. En contact
avec la civilisation chinoise pour la première fois,
il y a plus de quinze cents ans, ils en reçurent tout
ce qu'elle offrit : les lettres, la philosophie, le
taoisme, le bouddhisme, la littérature, les arts et
les métiers, les costumes, etc. Ils ne refusèrent rien.

Depuis une soixantaine d'années, les Japonais se
sont acharnés à l'importation complète de la civilisation occidentale. Ils ont même exagéré.

Recevoir tout et ne laisser rien d'inconnu, ni
d'étranger, c'est l'esprit nippon. Il est un peu trop
amoureux de tout ce qui est nouveau. Il pratique
tout avant de juger. Il croit qu'il n'y a rien qui
puisse le gâter; il a toute confiance dans la Grande
Volonté d'Amida (la Loi Unique) qui le protège.

Tout l'enseignement général et traditionnel nippon est la culture de cet esprit, de cette faculté de synthèse. Ainsi toute religion, toute philosophie, toute science, toute sociologie, tout art, tout métier sont unifiés par cet esprit. La formation de la nation nipponne est elle-même un exemple de synthèse sociologique. Elle fond l'individu dans la société solide et unique qui ne se décompose pas.

Quelques illustrations de l'enseignement synthétique nippon :

Boutsou-Do (le mot *Do* désigne toujours la philosophie la plus élevée ; pratique de la Loi Unique). Le bouddhisme Mahâyâna est la synthèse de tous les bouddhismes : Boutsou-do est sa pratique. Son but est la « conscience parfaite », qui nous mène à la paix parfaite et éternelle. Le bouddhisme synthétique de Sinran permit le mariage des prêtres et le carnivorisme de tout le monde (voir chapitre XIII-15 des « Paroles »). Mais il ne faut pas confondre ce carnivorisme avec le carnivorisme moderne européen. Ce n'est qu'une concession à la nature.

Nous pouvons et nous devons supporter le carnivorisme jusqu'à un certain point, dans certaines conditions géographiques et chronologiques, et cela est en réalité permis même par Bouddha. Si le carnivorisme n'était pas permis par Bouddha, tous les peuples plus ou moins carnivores, volontaires ou inconscients, ne pourraient pas être sauvés par Amida, et le bouddhisme serait en contradiction avec la Grande Volonté d'Amida.

Mais le nemboutsouiste est beaucoup plus végétarien que le végétarien converti étranger : ex-carnivoriste ou réactionnaire. Il est d'ailleurs plus délicat au point de vue sentiments. Il n'est pas indifférent même envers la vie végétale. Il sait comment saluer le navet pour enlever la vie d'une

feuille. Il sait respecter l'âme d'un grain de riz.
S'il en aperçoit quelques-uns tombés sur la route,
il les recueille un à un, les purifie soigneusement,
et les adore comme bouddha, puis les apporte chez
lui. « Le riz, c'est Bouddha ! » dit un dicton
japonais.

On doit voir une révélation de la Grande Volonté
d'Amida dans chaque grain de riz. Tel est
l'enseignement nippon du Boutsou-do.

Tout l'enseignement général traditionnel vise
par les chemins les plus divers la compréhension
parfaite de la Loi Unique. Toutes les filles des
familles bouddhistes ou traditionnelles apprennent
divers arts, tels que : *Syodô* (le Dô de l'écriture),
Gadô (le Dô de la peinture), *Kadô* (le Dô de la
poésie), *Geidô* (le Dô de la musique, du chant,
de la danse classique poétique, etc...), et encore
des rites esthétiques, tels que *Kwadô* (le Dô des
fleurs), *Sadô* (le Dô du thé), etc., etc. Tous font
partie du « *Dô* », la culture synthétique nipponne
qui fait déchiffrer la Loi Unique et fondamentale
à travers tous ces enseignements.

Sadô est bien expliqué dans le « Livre du Thé »
d'Okakoura (il y en a deux traductions françaises).
Tous les Samourais raffinés d'autrefois apprenaient
le rite du thé, et les Japonais traditionnels
d'aujourd'hui l'apprennent encore. Son enseignement n'est pas limité aux filles.

Kadô (ou *Sikisima no Miti*) est une synthèse
esthétique qui nous apprend à approfondir notre
compréhension, notre admiration de la Grande
Volonté à travers les phénomènes naturels, ou dans
chaque scène de la vie quotidienne, par des Waka
(poèmes en 31 syllabes).

Kwadô (le rite des fleurs) enseigne à disposer
les plantes, les feuilles ou les fleurs de toutes
sortes, le plus esthétiquement, avec le moins de
coupes possibles — elles sont vivantes ! — et à les

faire vivre longtemps, dans une position définie, dans une pose artistique et à la fois toujours la plus naturelle pour recevoir parfaitement la lumière sur chaque feuille et sur chaque fleur, nous permettant d'admirer ainsi l'image stabilisée et gracieuse de la Grande Volonté surnaturelle.

L''enseignement des garçons est dans le même esprit.

Jiudô (Jiujitsu). C'est la culture physique dynamique : science pratique, synthèse de la physiologie et la philosophie in'yologique.

Kendô (L'Escrime), Kyûdô (L'Arc) sont aussi typiques. Les étrangers, même les Japonais modernes, les confondent avec les « sports » ; c'est lamentable.

Busidô ou *Sidô* (le Dô des Samourais ou des Japonais traditionnels) est déjà connu vaguement depuis longtemps en Europe.

Idô (le Dô de la médecine orientale), que j'ai traité dans la « Médecine Chinoise », a pour but la suppression de la médecine.

Si un homme est sauvé une fois par la médecine orientale, il ne peut pas, et il ne doit pas devenir malade de nouveau dans sa vie. Sinon, c'est qu'il n'était pas encore sauvé par elle, ou qu'il n'a pas pu saisir l'esprit de la médecine. S'il le devient à plusieurs reprises, il ne vaut pas la peine d'être sauvé, il faut le laisser souffrir pour qu'il apprenne la Loi ; c'est le sauver en réalité, et c'est le seul moyen ; la Loi Unique le veut ainsi pour la sélection naturelle et pour consolider le bonheur de toute l'humanité.

Il ne faut pas s'occuper de la maladie, c'est inutile ; la maladie est variable ; elle a la faculté merveilleuse d'adaptation. Il faut s'occuper de l'homme.

Il faut créer la constitution, le terrain, le milieu intérieur parfaits, dans lequel les facteurs maladifs ne peuvent pénétrer ou ne sont plus actifs. C'est la synthèse physiologique parfaite, que possèdent tous les animaux et tous les oiseaux, instinctivement. Ne confondons pas ceci avec une médecine préventive qui n'est qu'une autre science analytique appliquée. La médecine parfaite, l'Idô, c'est la synthèse médicale de toutes les connaissances in'yologiques de l'univers.

Kudô (le Dô de la poésie traduite par Haiku, poème en 17 — 5, 7 et 5 — syllabes). Il y est défendu d'exprimer un sentiment humain éphémère ; c'est un monde exquis, Taikyoku, Sûnnya, où n'existe aucune tristesse. C'est un monde absolu où tout est beau et bien. On n'a qu'à tout admirer et tout remercier. Il n'y a aucune place pour le sentimentalisme. Si l'on n'y est pas heureux, c'est qu'on manque de dons poétiques, de la connaissance de la Loi Unique, de modestie et de foi. Voici un poème d'Issa (1752-1817) par exemple : « Taku hodo wa Kaze ga mote kuru Otiba kana ! »

> Le vent m'apporte
> Autant de feuilles mortes
> Que j'en ai besoin,
> Jusqu'à ce coin.

Ici, aucun mot n'exprime le sentiment. C'est un croquis simple : un poète vit tout seul dans un coin de la campagne, ou dans un vallon entouré de montagnes ; il emporte les feuilles mortes que le vent y pousse le matin et le soir quand il en a besoin, soit pour cuire le riz, soit pour se chauffer, toujours content de la « grande miséricorde » de Mida qui le protège. Sans la compréhension du bouddhisme nippon, la poésie ne peut être comprise.

Comme il est dit plus haut, beaucoup de grands samouraïs croyaient en Mida. Souvent les drapeaux qu'ils portaient sur les champs de bataille portaient

des noms de Bouddha. Ils n'allaient pas à la guerre
pour tuer les ennemis, mais pour mourir d'une
mort splendide en guerriers fidèles à leur maître
ou à l'empereur, pour aller à la Grande Joie
d'Amida, le monde du Çûnya, le plus tôt possible.
On comprendra ainsi pourquoi et dans quel esprit
les samouraïs improvisaient leur dernier poème
avant de s'ouvrir le ventre, ou sur le champ de
bataille, dans un combat corps à corps. Ils respec-
taient leurs ennemis, chacun selon leur grade,
avec la même cérémonie qu'envers leurs partisans.

Le mourant dit : « Namu Amida Boutsou ! »
Tous ceux qui l'entourent le disent aussi. Les deux
samouraïs, l'un vainqueur, et l'autre vaincu, le
disent aussi. De même, le condamné à mort.

Le némboutsou équivaut ainsi à un salut : « Au
revoir ! dans la Grande Joie ! Mes amis, mes
ennemis, nous serons tous heureux dans Sûnnya :
Namu Amida Boutsou ! »

Toute la philosophie hindoue ou chinoise
importée au Japon, développée, modifiée, perfec-
tionnée, existe encore transformée dans tout l'enseignement nippon ; le bouddhisme Mahâyâna dans
le Boutsoudô, la médecine chinoise dans l'Idô, la
philosophie chinoise dans le Busidô et le Zyudô, la
physiologie chinoise dans le Sadô, le Kwadô et le
Shokuyôdô, etc... Mais ces « Dô » ne sont pas
traités dans des livres. Le bouddhisme japonais n'a
aucun Canon japonais. Le Sintoïsme n'a aucun
livre comparable à la Bible. Aucun livre n'existe
du Busidô. Les livres ne peuvent pas commenter
l'esprit nippon. Il est vif et insaisissable par des
mots inertes. Il s'explique lui-même partout et
toujours. Il n'y a pas d'écriture japonaise, même
aujourd'hui. S'il existe une cinquantaine de
signes (syllabaire japonais), on ne les emploie
jamais indépendamment.

Les Japonais anciens ne voulaient pas trans-

former leur pays « Yamato » en « pays des lettres » ;
mais ils étaient très fiers de leur pays « Yamato,
pays des dieux, pays heureux et supérieur pos-
sédant une langue merveilleuse » (qui ne nécessite
pas la notation écrite, parce qu'elle est simple et
systématique). C'est exactement le même esprit
que celui de Fou-hi qui était content de ses trois
bâtons de Logos pour traduire tous les phénomènes
de l'univers et toute la philosophie, toute la
science et tout l'enseignement national. Plus on
emploie des mots et des lettres, plus on s'éloigne
de l'esprit, la Loi Unique. On sait l'inefficacité
de tout enseignement des « connaissances ». Les
connaissances sont considérées comme des outils
non indispensables. On s'occupe du perfectionnement de la « conscience », de l'instinct-intuition.

La poésie nipponne est caractéristique de la
nation : c'est une expression esthétique, simple et
naïve, de la connaissance de la Loi Unique ; c'est la
voix de la « conscience ». Elle est très simple dans
sa physionomie de 17 ou 31 syllabes, parce qu'elle
craint de gâter la représentation de la nature
intime par des mots inutiles.

La peinture nipponne de même ne veut pas
représenter tous les détails, mais à travers la
forme quelconque la nature intime, Sûnnya,
Taikyoku, elle-même. Plus on touche, plus on
cache la nature intime. Cet esprit n'est pas tout
à fait perdu même dans les estampes banales de
Outamaro. Mais la vraie peinture monocolore (noir
et blanc) caractéristique de l'esprit nippon n'est
pas facile à comprendre dans le sens où la nature
intime s'y révèle. On doit saisir Sûnnya imperceptible en arrière des touches.

« Mannyôsyû », la première anthologie de la
poésie nipponne (rédigée sous la direction de
l'empereur, au commencement du VIIIe siècle, à
l'époque de Nara), nous montre explicitement que

« Kadô » (le Do de la poésie) était l'enseignement national. Elle comprend plus de 5.000 poèmes (Tanka et Tyôka, pas de Haiku) composés par des empereurs, des samouraïs, des officiers, des fonctionnaires, des impératrices, des princesses, des filles, des soldats, des mendiants, etc... En d'autres termes, elle représente toute la nation. Personne ne se disait « poète » ni « poétesse », mais tout le monde l'était. C'est l'idéal de l'esprit nippon. Celui qui n'a pas sa « conscience » libérée des « connaissances » infimes ne peut composer des poèmes soit de 7 syllabes, soit de 17 syllabes, soit de 31 syllabes.

L'empereur Meidi, mort il y a une vingtaine d'années, était un grand poète. Même aujourd'hui encore, à chaque nouvel an, H. M. I. l'empereur reçoit les poèmes innombrables de toute la nation. Mais aucune école de rhétorique, d'esthétique, ni de poésie n'existe pas plus qu'autrefois.

« Haiku » est une dérivée de la poésie nipponne ancienne. Son fondateur est Basyô. Un jour, il recevait son ami, un prêtre bouddhiste. La conversation était tranquille, parce que la parole perd l'amitié profonde. L'entrevue presque sans parole suffit à ceux qui saisissent tout par leur instinct-intuition clairvoyant.

« La Loi Unique avant la végétation de la mousse, qu'était-elle ? » dit le bouddhiste en regardant l'étang dans le jardin couvert de mousse de Basyô. Le poète ne répondait pas...

Un bruit bas, imperceptible, vibra et consolida la tranquillité. C'était une grenouille qui sautait dans l'étang.

Ni le prêtre, ni le poète ne bougeaient.

« Un bruit dans l'eau que fait une grenouille, n'est-ce pas ? » dit le poète. (Il a fait une esquisse de Taikyoku par un bruit imperceptible produit dans l'eau, qui s'éteint dans la tranquillité. Il a traduit la profondeur de la mer de Taikyoku

par la tranquillité, et les êtres éphémères, qui
s'éteignent et rentrent dans l'univers-éther sans
cesse, par ce bruit bref qui s'éteint dans l'infini.
Et cela signifie, en répondant à son hôte, que la
Loi Unique dans le monde préhistorique, où la
végétation de la mousse n'est même pas encore
parue, est insaisissable comme ce bruit qui
s'éteint.)

« Le bruit dans l'eau que fait une grenouille,
c'est merveilleux! Merci », murmura le prêtre
satisfait.

> Un bruit dans l'eau du vieil étang
> Que fait une grenouille en sautant !

C'est un des poèmes les plus connus de Basyô.
La traduction fait perdre la noblesse et la simplicité du style qui caractérisent la philosophie de
l'intuition.

Haiku, c'est le plein centre de l'univers Sûnnya,
où il n'y a aucune trace des êtres, aucun sentiment, aucune subjectivité, ni objectivité, c'est au
delà du sentiment, des connaissances, de l'humanité, de la miséricorde bon marché.

Un jour, le poète, tout seul à pied au cours de
ses voyages, suivait un chemin solitaire, près d'un
fleuve, traversant la plage vaste et couverte de
roseaux hauts. Il s'arrêta tout à coup, entendant
quelque chose. C'était un tout petit enfant, abandonné, sans doute à cause de la misère, qui criait
dans un panier. Il le regarda, et hésita ; il resta
debout quelques instants, puis enfin il partit après
avoir fait un némboutsou. Peu de personnes osent
agir ainsi ; notre petite miséricorde ne nous permet
pas cet abandon. Mais le poète de Sûnnya ne vend
pas la miséricorde à bon marché. Il est trop grand
pour recevoir une âme individuelle. Il embrasse
l'humanité tout entière. Ni la mort, ni la vie des
êtres éphémères ne l'aveugle. Pour le poète de

Taikyoku, tous les êtres sont la continuité de son existence propre, ainsi que cet enfant. En s'éloignant, il réussit à se résigner au monde fragile des êtres. C'était lui, lui-même, qu'il abandonnait dans les roseaux ; son existence ne comptait plus pour lui, depuis longtemps, dès qu'il était entré dans l'Etre vrai, Çûnyatâ. Il disait toujours à ses disciples que chacun de ses poèmes était son dernier adieu à ce monde.

Tout le monde aime Haiku ou Waka. Mais il n'y a aucun enseignement public de Haiku. Haiku est tellement simple et facile à apprendre. Il n'y a aucune difficulté d'arranger des mots en ordre de 5, 7, 5 syllabes. Pour arriver au point le plus élevé du Haiku, tout dépend de la « conscience » de la faculté qui peut contempler la nature intime dans tous les êtres.

Chaque poème, chaque Haiku, est une expression esthétique et intuitive des phénomènes évoluant à travers la nature et la société humaine.

Un architecte japonais inconnu disait :

« J'ai construit une pagode de cinq étages lorsque j'avais 25 ans. J'avais du souci, je m'inquiétais beaucoup. Je faisais des efforts extraordinaires. Je me sentais mourir. C'était plus pénible que mourir. J'ai déclaré, lorsque je l'ai eu finie, que je ne recommencerais jamais de ma vie. A l'âge de 40 ans, pourtant, j'ai recommencé. Ce n'était pas moins pénible que la première fois. A la fin, j'ai déclaré que ce serait mon dernier travail dans ce monde. Mais, à l'âge de 50 ans, je devais recommencer pour la troisième fois. Et j'ai trouvé encore plus de difficultés. Je me disais : Je dois sacrifier ma vie pour achever ce travail. Si je meurs le lendemain de la fin de la construction, je ne me repens pas... Il me semblait toujours que la pagode était construite par quelque personne autre que moi. »

La pagode nipponne toute en bois est sans pareille pour résister aux tremblements de terre fréquents. Le pilier principal est suspendu pour contre-balancer les secousses. Il y a des pagodes qui datent de plus de mille ans. La pagode hindoue, dorée et vitrée, éclatante dans la lumière équatoriale, est magnifique aux Indes, mais ne supporterait pas la moindre secousse.

La décoration, la composition esthétique de la construction tout entière de la pagode nipponne, tout dépendait et dépend d'un architecte ignorant la géométrie, la physique, l'art de dessiner, la mathématique, parce que l'architecte traditionnel ne reçoit aucun enseignement... Il doit tout inventer lui-même. Le travail une fois commencé, il ne mange plus comme d'habitude, il s'éloigne de sa femme ; il est comme un possédé divin. C'est l'instinct-intuition qui travaille seul, avec une vigueur extraordinaire... Voilà la méthode nipponne de l'enseignement. Le résultat n'est pas la raison d'être du travail. Mais c'est le travail qui est lui-même sa raison d'être, parce que c'est la faculté de saisir la « conscience » dans Taikyoku ou Sûnnya, qu'on vise. La pagode n'est qu'un souvenir, comme Haiku ou Waka.

En résumé, l'esprit nippon est un réalisme qui supprime toute discussion subtile, tout enseignement partiel, toute philosophie, toute science, en les fondant, en les assimilant dans la vie pratique, et cela d'une manière esthétique. Il n'admet pas qu'on se spécialise. Il demande qu'on soit tout d'abord un homme ordinaire et naturel, et ensuite que l'on possède l'instinct-intuition net et précis, la « conscience » de Çûnya. Le vrai Japonais doit être simple dans sa vie, intuitif et instinctif en pratique, mais jamais diplomate.

CHAPITRE V

CHAPITRE V

Conclusion

1. Le principe de la philosophie et de la science est identique dans son origine en Chine, aux Indes et au Japon. C'est Sûnnya, Taikyoku ou Kû, qui traduit à peu près l'univers vrai.

2. Le principe unique évolua vers un pragmatisme particulier en Chine; il y dirige encore toute la nation.

3. Le principe unique se développa sous une forme religieuse aux Indes. C'est la forme indispensable pour les Hindous.

4. Au Japon, il s'est fondu dans la vie pratique et a formé l'esprit nippon, qui a d'ailleurs assimilé la philosophie de Chine et des Indes.

5. L'esprit pratique chinois reformera la Chine nouvelle petit à petit; il n'acceptera pas toute la civilisation occidentale.

6. La philosophie hindoue aboutira à une civilisation renouvelée particulièrement spirituelle. Elle refuse la civilisation moderne.

7. Le Japon aussi reviendra un jour ou l'autre à sa tradition, mais en même temps gardera la civilisation européenne matérielle, la forgera et l'assimilera enfin dans la vie pratique; il restera le plus européanisé de l'Orient.

8. La philosophie et la science chinoises anciennes seront étudiées par les Occidentaux, mais non pas par les Japonais, ni les Chinois, ni par les

Hindous. On les trouvera encore vivantes, encore applicables et on en profitera beaucoup.

C'est le symbole divinatoire qui explique le conflit entre la civilisation occidentale et celle tranquille de la Çûnyatâ.

APPENDICE

TANNISYO

(Paroles de Sinran)

(Rapportées par son disciple)

Vocabulaire

Mida, Amida, Amida-Bouddha

La plus grande âme du Bouddhisme, qui n'est pas une existence imaginaire, ni une conception, mais l'existence unique, véritable et éternelle qui dirige l'humanité et tout ce qui existe, selon une harmonie parfaite. En d'autres termes, *Amida* est *Tao* ou *Moi*. Ou bien, *A* désigne Taikyoku; *Mi*, les êtres; *Da*, la loi qui assimile ceux-ci dans celui-là (voir chapitre II de la « Philosophie d'Extrême-Orient »).

Némboutsou, mot à mot, signifie : *Ném*, la « contemplation »; *Boutsou*, Amida Bouddha. *Némboutsou :* la contemplation en Amida Bouddha. *Karma :* le déterminisme universel.

Namu Amida Boutsou! : Invocation muette cu exprimée à la grande âme de toute existence.

L'appellation implique, explicite la contemplation, c'est le seul principe de la Secte Vraie, « Sinsyû », « La Secte de Némboutsou ». *Namu* signifie : *Oh!* (je crois en vous). Ainsi, Namu Amida Boutsou : « Oh! grand Amida Bouddha! »

Sinran, disciple de Hônén : il fonda la Secte Sinsyû ou Secte Vraie. On verra nettement par ses paroles que le Bouddhisme est une religion créée exclusivement pour les plus corrompus, les plus lamentables, les plus malhonnêtes, et non pour les honnêtes gens, ni pour les savants, parce que ce n'est pas une morale, mais la vraie religion. Si la morale s'appuie sur « moi » petit, l'individu infinitésimal, la religion se base sur l'univers vrai (toujours d'après la théorie de la connaissance).

Voie Facile : la Secte Vraie reçoit et sauve tout le monde, quel qu'il soit, sans aucune condition. Tout le monde peut y entrer et gagner le but, car on l'appelle la Voie Facile.

La *Grande Joie*, la *Joie Suprême :* c'est le monde parfait et éternel de Taikyoku, Çûnyatâ.

———

TANNISYO

(«Regret de la croyance étrangère »)

Préface

(1) Méditant sur le passé et le présent, je regrette de voir des gens s'éloigner de la vraie croyance de notre Secte, croyance que Sinran notre maître a si bien expliquée. Je crains que ces gens ne soient perdus, et qu'ils n'éprouvent des doutes et des difficultés.

(2) Il est impossible d'entrer dans la Voie Facile, si l'on n'a pas rencontré des sages par bonne chance et suivi leur enseignement.

Que le raisonnement n'affaiblisse pas la croyance dans la Voie Facile.

(3) C'est pourquoi j'écris ces lignes, paroles de notre maître Sinran qui me restent encore, destinées non seulement à éclairer quelques difficiles problèmes, mais aussi à guider nos amis dans la Voie Facile.

CHAPITRE PREMIER

(1) « Je suis heureux! Amida me sauve! par sa Volonté surnaturelle », quand on a l'intention de faire un Némboutsou ainsi méditant, on se trouve déjà recueilli heureusement dans la main du Grand Mida qui nous protège éternellement et qui n'abandonne personne. (2) La Grande Volonté d'Amida ne distingue jamais les honnêtes des malhonnêtes, ni les vieux des jeunes. La croyance seule importe. (3) Parce que sauver les plus malhonnêtes, les plus lamentables, les plus voluptueux, les plus impurs est la Grande Volonté d'Amida.

(4) Car, pour croire en la Grande Volonté, aucun effort de faire le Bien n'est nécessaire. Il n'y a aucun bien supérieur au Némboutsou. On n'a pas besoin d'avoir peur du Mal; il n'y a aucun Mal qui puisse s'opposer à la Volonté d'Amida.

CHAPITRE II

(1) Le maître Sinran dit (aux pèlerins-savants) : « Vous êtes heureusement parvenus à travers des pays, des montagnes, en risquant votre vie, pour me demander les moyens d'acquérir la Suprême Joie. (Le voyage était extrêmement difficile et dangereux à cette époque féodale.)

(2) » Mais si vous croyez, malheureusement, que je connais quelques moyens autres que le Némboutsou pour arriver à la Grande Joie, ou des documents sacrés et spéciaux, c'est une grande erreur.

(3) » Si vous voulez les apprendre, vous n'aurez qu'à aller voir les savants de la Ville du Sud (Nara) ou de la Montagne du Nord (Hiéi).

(4) » Je ne sais rien autre que le Némboutsou. Selon mon maître, faire le Némboutsou, c'est tout pour être sauvé par Amida. Voici ma croyance. Il n'y a aucune autre chose.

(5) » Le Némboutsou est-il vraiment la clef qui

nous permet d'entrer dans le Monde Sublime, ou est-il un acte qui nous fait tomber dans l'Enfer? Je l'ignore complètement.

(6) » Si nous sommes trompés par notre maître Hônén, et si nous tombons dans l'Enfer, nous ne devons pas nous repentir, (7) parce que nous sommes des êtres tout à fait dépourvus de la capacité d'accomplir un acte ou un autre pour arriver à Bouddha, en tous les cas (On croit le contraire, par la même mentalité qui fait qu'on se croit sage. Faire un acte moral, c'est de l'égoïsme ; ce n'est pas du tout le bien vrai. La morale est un ensemble de règlements conventionnels entre les animaux égoïstes), et nous ne sommes destinés qu'à l'Enfer. Réfléchissons-y bien.

(8) » Si la Volonté de Mida est vraie, la parole de Çakya-Bouddha n'est pas un mensonge ; si la parole de Çakya-Bouddha est vraie, l'enseignement de Zendô ne peut être que vrai. Si l'enseignement de Zendô est vrai, l'explication de Hônén n'est que juste. Et enfin, si l'explication de Hônén est juste, ce que Sinran dit ne serait pas un mensonge.

(9) » Après tout, voici à la fois ma croyance et ma connaissance.

(10) » Maintenant, vous n'avez qu'à prendre ou abandonner le Némboutsou ; vous êtes tout à fait libres. »

Chapitre III

(1) « Les honnêtes même peuvent être sauvés ; comment les malhonnêtes ne le seraient-ils pas ? »

(2) Mais, on dit toujours le contraire : « Les malhonnêtes même peuvent être sauvés, comment non les honnêtes ? ».

(3) Cela paraît très raisonnable au premier abord, mais c'est un raisonnement étranger et qui ne comprend rien à la Volonté d'Amida. (4) Parce

que les honnêtes, fiers de leur indépendance de
volonté et de leur capacité de faire le Bien, et de
leur honnêteté, manquent nécessairement de sou-
mission et de confiance absolue envers la Volonté
d'Amida. Ils n'aiment pas reconnaître qu'ils sont
dirigés et protégés par autre qu'eux. (5) Quand ils
abandonnent la petite fierté de leur honnêteté,
qu'ils suivent la Volonté d'Amida et lui obéissent
fidèlement, ils peuvent entrer dans la Grande Joie.

(6) Par naissance, nous sommes voluptueux,
vaniteux, malhonnêtes, impurs, incapables de faire
le moindre Bien quel qu'il soit, et toujours
enfermés dans le cadre de la vie éphémère. Ce sont
ces misères humaines qui nécessitèrent la Grande
Volonté de Mida. Les malhonnêtes sont donc la
vraie raison d'être de la Grande Volonté.

(7) Car le maître Sinran dit : « Même les honnêtes peuvent être sauvés, pourquoi donc pas les
malhonnêtes? » (L'invention et la nécessité de la
morale prouvent la malhonnêteté pitoyable de
l'humanité. Elle est comme les remèdes palliatifs,
symptomatiques, locaux et superficiels, mais elle
n'est jamais la thérapeutique parfaite qui supprime la cause des maux.)

Chapitre IV

(1) Il y a deux sortes de miséricordes : l'une
morale, limitée, l'autre religieuse, transcendentale
ou absolue. La première est la miséricorde des
honnêtes gens et des savants, tandis que la
deuxième est celle des autres hommes qui croient
à la Grande Joie.

(2) La première consiste à avoir pitié, à soigner,
à sauver, à aider matériellement. (C'est sentimen-
tal.) Mais, sauver complètement et pour toujours
est presque impossible dans ce monde.

(3) La deuxième ne s'en occupe pas directement,
mais elle s'efforce de faire tout ce qui est possible

pour arriver à Bouddha par le Némboutsou (contemplation) incessant et permanent, et ensuite de sauver la race humaine tout entière après avoir obtenu la Grande Miséricorde toute-puissante d'un Bouddha. (L'idée du soi-disant « salut de ce monde » est toujours illusoire et nuisible. La morale, la religion morale, la miséricorde sentimentale sont, tout comme la médecine actuelle, un « salut de ce monde » occidental qui prétend défendre l'individu contre la maladie, mais qui accélère la vitesse de la décadence de l'humanité tout entière en empêchant la fonction de sélection naturelle, loi de la Nature. Toute idée sentimentale, morale, superficielle, palliative, est belle à regarder, agréable à réaliser et facile à faire, puisqu'elle est « matérielle », mais elle est toujours trompeuse.)

(4) Il nous est impossible de « sauver » parfaitement l'être pitoyable, même si nous sommes très sincères. La miséricorde est infinie. (Comment pourrait-elle être le fait de l'homme, être infime?)

(5) Car, le Némboutsou est la plus grande miséricorde qui nous est permise.

Chapitre V

(1) « Moi, Sinran, n'ai jamais fait le Némboutsou souhaitant le bonheur de mes parents. (2) Parce que tous les êtres vivants sont parents, les uns les autres. Chacun à notre tour, nous nous aidons mutuellement dans un monde ou dans l'autre. (3) Si, d'ailleurs, c'était par ma faculté que je faisais le Bien, Némboutsou, je le ferais pour mes parents. (4) Mais une fois abandonnée mon existence illusoire, et arrivé au sommet de la connaissance parfaite de Bouddha, il me faut sauver par la grande miséricorde surnaturelle tout ce qui vient près de moi par prédestination, même si moi, je suis dans quelque état pénible. »

Chapitre VI

(1) Se disputer pour des disciples est défendu parmi les némboutsouistes. (2) « Moi, Sinran, n'ai aucun disciple. (3) Si je fais dire à quelqu'un le Némboutsou par ma propre faculté, alors il sera mon disciple. Mais ce n'est pas par ma faculté, c'est par la Volonté de Mida qu'on fait le Némboutsou. Comment pourrait-on dire qu'il est mon disciple?

(4) » Accompagnons-nous par karma; séparonsnous par karma. Dire que l'on ne peut pas arriver au bouddha si l'on s'éloigne d'un maître en allant vers un autre, n'est pas vrai.

(5) » La croyance est donnée par Mida. Veut-on la reprendre comme si c'était nous qui l'avions donnée? C'est lamentable et impossible. (6) Quand on comprend la loi de la Grande Nature, on devient reconnaissant envers Bouddha (Amida) et envers son maître. »

Chapitre VII

(1) Le némboutsouiste a la liberté parfaite. (C'est là le monde de la « conscience ».) (2) Il n'y a aucun démon, ni mauvais génie qui puisse l'arrêter. (3) Ni crime, ni mal ne peuvent l'entraîner; aucune bonne action le toucher.

Chapitre VIII

(1) Le Némboutsou n'est pas une conduite d'austérité, il n'en résulte pas un Bien pour l'ascète de Némboutsou. (2) Si le Némboutsou n'est pas une conduite volontaire, il n'est donc pas une conduite d'austérité. Ce n'est pas un Bien, parce qu'on ne peut pas le faire de sa propre volonté. (3) Tout cela dépend de la Grande Volonté d'Amida. Il n'y a donc en Némboutsou aucune impureté, ni influence de soi-même. C'est au delà de la volonté humaine. Car il n'en résulte aucune « conduite », aucun bien pour le némboutsouiste.

CHAPITRE IX

(1) Yuiénbô (disciple de Sinran) demanda à son maître : « Je fais le Némboutsou. Mais je ne deviens ni très joyeux, ni très reconnaissant envers Amida. Aucune idée ne me vient de me dépêcher pour aller au pays de la Grande Joie. Pourquoi cela, maître? »

(2) Sinran répondit : « Moi aussi, je me demandais cela souvent, comme vous, Yuién. (3) Mais cela nous prouve que nous sommes destinés au pays de la Grande Joie. (C'est-à-dire que nous sommes mauvais, malhonnêtes.) C'est pourquoi nous ne devenons ni très joyeux, ni très heureux de cette Grande Joie. (4) Ce qui nous empêche d'être plus joyeux et plus heureux, ce sont nos désirs et nos passions tristes et aveugles (qui créent le monde de la « Connaissance », de la liberté limitée, des êtres). (5) Mais le Grand Bouddha (Amida), le prévoyant, nous appelle « les créatures chargées de tous les désirs et des passions aveugles ». Car nous devons comprendre que la Grande Volonté est réellement créée pour des êtres tels que nous. Nous sommes heureux. (6) C'est vrai que nous n'avons aucune envie de nous dépêcher pour aller à la Grande Joie (Çûnya), et d'ailleurs, si nous sommes un peu mal disposés, nous sommes tristes et envahis par la peur de la mort. Mais tout cela vient de nos désirs et de nos passions aveugles. (7) Nous ne sommes pas très courageux pour abandonner ce monde bas, fragile et plein de souffrance, où nous vivons depuis les temps les plus reculés, et nous ne sommes pas très enchantés d'aller dans le monde inconnu de la Grande Joie. Tout cela vient de nos désirs et des passions aveugles qui sont si forts. (8) Quand on finit la vie si chère, et quand on est contraint d'abandonner ce monde terrestre, on vient enfin au

pays inconnu de la Grande Joie. (9) C'est surtout ceux qui ne veulent pas quitter le plus vite possible ce monde triste, plein de souffrance, que la Grande Volonté attend impatiemment. (10) Si nous sommes reconnaissants envers le Mida, et joyeux pour aller au pays inconnu dès maintenant, et si nous nous empressons, nous paraissons aussi étranges que des honnêtes gens dépourvus de désirs et de passions aveugles. »

CHAPITRE X

(1) L'esprit de Némboutsou est inexprimable et infiniment profond. (Taikyoku, Sûnnya est insaisissable par les mots.) Il n'y a aucun moyen de l'analyser. Il n'y a aucune possibilité de le comprendre parfaitement. Il est absolument surnaturel.

(2) Des divers pays lointains, les nombreux chercheurs de la vérité et de la croyance en la Grande Joie, tous d'un même esprit, se précipitaient à Kyôto et écoutaient les paroles de notre maître.

(3) Ceux qui suivaient ces disciples dans leurs pays étaient innombrables. Tous disaient le Némboutsou.

(4) Mais, récemment, quelques-uns disputaient de propositions étrangères à celles de notre maître. (5) Tous sont incompréhensibles. Par exemple :

CHAPITRE XI

(1) Quelques-uns, rencontrant un non-instruit, qui fait le Némboutsou, (2) le surprennent en lui demandant : « Tu fais le Némboutsou? Mais as-tu la croyance dans la Grande Volonté surnaturelle, ou bien comptes-tu sur la grande puissance de l'Appellation surnaturelle ? », (3) ne donnant

aucune explication de ces deux surnaturels (4) et troublant la pensée des innocents. (5) C'est lamentable.

(6) La Grande Volonté surnaturelle (d'Amida) se transforma en l'Appellation merveilleusement facile à faire, et promit de sauver tout ce qui fait l'objet de cette Appellation. (7) Croire que nous sommes sauvés de la vie éphémère et pleine de souffrance par la Grande Volonté de Mida, et méditer que faire le Némboutsou est déjà par la Volonté, cela nous fera naître à la Grande Joie, correspondant à la Grande Volonté sans aucune impureté de pensée de son « ego » illusoire.

(8) Quand la croyance en la Grande Volonté absolument inexplicable est donnée, l'Appellation qui nous sauve l'accompagne. La Grande Volonté et l'Appellation surnaturelle ne font donc qu'un.

(9) Quelques pédants pensent que la bonne conduite et la mauvaise conduite différencient la nouvelle vie dans la Grande Joie. (10) Cela veut dire qu'ils n'ont pas confiance en la Grande Volonté et qu'ils comptent sur leur propre bonne conduite comme karma pour la Grande Joie. Ils considèrent le Némboutsou comme *leur* propre conduite. (11) Il leur manque la capacité de voir la grande puissance incompréhensible de l'Appellation. (12) Cependant, ils arrivent, après avoir fait un grand détour à travers des étapes intermédiaires, à la Grande Joie, grâce à la Grande Volonté et grâce à la grande puissance inexplicable de l'Appellation.

(Le traducteur fut étonné et ne put répondre d'abord quand on lui demanda : « Quelle est l'utilité de Némboutsou ? »

(Comme il est dit, le Némboutsou est une appellation tout à fait spontanée comme celle d'un tout jeune enfant qui regarde le visage de sa mère, le cœur plein de bonheur. Nous n'avons aucun besoin de demander ni de prier. Nous sommes au plein centre du Bonheur que la Grande Nature nous offre; nous n'avons qu'à nous occuper de la remercier; plutôt même que de remercier, d'en jouir complètement pour donner toute satisfaction à qui nous le donne. Cela dépasse nos remerciements. Tout ce qui est nécessaire fut préparé avant que l'homme ne fût créé; nous n'avons qu'à nous en servir. Quelle bonté! Tout ce qui nous manque est inutile; le manque a sa raison. Tout ce qui nous arrive est nécessaire, serait-ce triste et désagréable.

(Le Némboutsou, c'est une exclamation d'extase, tranquille et profonde. C'est une expression superlative du terme « quelle bonté! ». Tout ce que nos désirs aveugles nous font rechercher en plus de tout ce qui nous est fourni par la Grande Volonté est nuisible. C'est sur ce point que l'Orient, plus ou moins consciemment, méprise la civilisation matérielle moderne.

(Un autre demanda au traducteur « si le Némboutsou soulage la faim ». On confond toujours le bonheur avec l'utilité. Le Némboutsou n'apaise pas la faim; le Némboutsou ne remplace pas le pain, comme vous le voudriez. Mais le Némboutsou né dans la faim nous révèle la Grande Volonté. Le mécanisme de la faim qui nous protège de la mort est incompréhensible pour notre sagesse dite Physiologie, mais les savants croient qu'ils ont expliqué ce mécanisme par un simple phénomène physique ou mécanique de l'estomac : ils sont contents de cette explicatiion, ignorant complètement ce qui produit ce phénomène.)

Chapitre XII

(1) Dire que celui qui n'étudie pas les livres, ni les documents, ne peut pas être dirigé vers le nouveau monde, la Grande Joie, n'est pas juste. (2)

Tous les documents exacts qui expliquent la Vraie Volonté disent : « Croyez en la Grande Volonté ; faites le Némboutsou. C'est tout ce qui est nécessaire pour devenir un bouddha. Quelles études peuvent donc être utiles ? »

(3) Si vous ne pouvez pas comprendre cette raison, profondément, faites vos études jusqu'au fond et apprenez la raison d'être de la Grande Volonté par l'idéologie approfondie.

(4) Tous ceux qui étudient et apprennent des livres et des documents ne comprennent pas la vraie raison d'être de la Grande Volonté ; c'est lamentable. (S'ils comprennent, c'est encore par une compréhension littérale qui ne vaut rien. La « compréhension » est défendue dans la croyance bouddhiste. L'admiration spontanée, l'Appellation innocente, l'extase de la grande joie, l'absence absolue de toute inquiétude, ce sont des constituants du milieu de la croyance, à la différence d'une compréhension.)

(6) Celui qui s'occupe exclusivement des études comme si le bouddhisme était une science est de la secte des honnêtes, des savants : c'est la *Voie Difficile*.

(7) On dit d'ailleurs : « Ceux qui font des études par erreur, ou malheureusement par hasard, et qui recherchent les succès mondains et égoïstes, soit matériels, soit spirituels, ont trop de difficultés à surmonter avant d'arriver à la Grande Joie. »

(8) Quelques némboutsouistes, discutant avec des disciples de la Voie Difficile, disent : « Notre secte est supérieure. L'autre est inférieure. » Ils gagnent ainsi des ennemis à la secte et ils médisent de la religion. (9) C'est insulter la sienne.

(10) Si tous les autres accusent la nôtre, la secte de Némboutsou, comme celle des ignorants, comme superficielle et méprisable, ne nous défendons pas. (11) Nous croyons ainsi parce que nous avons

appris que nous autres, ignorants et méprisables
même, pouvons être sauvés par la croyance en
Némboutsou. Cela paraîtra naturellement superfi-
ciel et méprisable aux honnêtes gens, mais cela
est sublime pour nous. (12) Les autres sectes sont
peut-être supérieures, mais nous ne sommes pas
capables d'y entrer.

(13) Pourtant tous les bouddha souhaitent que
nous tous, vous et nous, soyons sauvés de cette
idée illusoire, cadre de la vie. « Alors, nous vous
prions de ne pas nous en empêcher. » Lorsque nous
parlons ainsi humblement, qui donc pourrait nous
tourmenter ?

(14) D'ailleurs, on nous enseigne : « Quand on
se dispute, des mauvais désirs se dégagent ; nous
devons nous éloigner. »

(15) Notre maître dit, d'après la parole de
Çâkya-Bouddha : « Quelques-uns croient en cette
secte, les autres la méprisent. » Ainsi en effet,
nous y croyons ; mais si personne ne la méprisait,
la parole de Çakya-Bouddha paraîtrait fausse, et
par conséquent l'idée de la Grande Joie pourrait
être aussi fausse. (15) S'il n'y avait personne pour
insulter notre bouddhisme, par exemple, nous
devrions nous demander pourquoi on ne l'insulte
pas malgré des prédictions de Çakya-Bouddha.

(17) Mais cela ne veut pas dire que « nous devons
être insultés ». Çakya-Bouddha, en prévoyant que
quelques-uns l'insulteront, et que quelques autres
y croiront, nous enseignait par avance, pour que
nous ne soyons ni perdus ni trompés.

(18) Aujourd'hui, s'occupe-t-on exclusivement
des études pour se défendre contre les insultes ?
a-t-on comme but d'études la discussion ?

(19) Mais à vrai dire, lorsqu'on s'occupe d'études,
on doit approfondir de plus en plus la connaissance
de la grandeur infinie de la Volonté de Mida, et
on doit enseigner aux malhonnêtes gens, qui

désespèrent d'être sauvés à cause de leurs mau-
vaises conduites excessives, qu'il n'y a aucun Bien,
ni Mal, ni Beau, ni Insupportable pour la Grande
Volonté. C'est là ce qu'on doit faire.

(20) Menacer, en disant à quelques-uns qui
font le Némboutsou correspondant à la Grande
Volonté : « Si vous n'étudiez pas..., etc. », est
s'opposer à la Loi. C'est le manque de foi et cela
fourvoie les autres.

(21) Il faut être prudent pour ne pas agir contre
l'esprit de notre maître. On doit être surtout sou-
cieux de ne pas s'égarer en dehors de la Grande
Volonté de Mida (dans le monde de la « connaissance » du « moi » petit).

Chapitre XIII

(1) On dit que « s'appuyer trop sur la Grande
Volonté de Mida et ne pas craindre les maux est
aussi un mal, une fierté », et que « cela empêche
d'arriver à la Grande Joie ». Mais c'est un
manque de croyance en la Grande Volonté et
encore une ignorance de karma des biens et des
maux.

(2) Avoir l'intention de faire le Bien est par
karma, et avoir envie de commettre le Mal est
aussi par karma.

(3) Notre maître dit : « Le moindre crime, même
léger comme une poussière qui se trouve à l'extré-
mité d'un seul poil de lapin ou de chèvre, ne peut
être commis que par karma. » (C'est un déterminisme moral.)

(4) Un jour, le maître Sinran dit à son disciple :
« Yuién, vous croyez en ce que je vous dis ? »

« Avec grand plaisir! », répondit Yuién, très
respectueusement.

(5) « Eh bien, vous ne désobéirez pas à ce que je
vous dis! », confirma-t-il.

Le disciple l'affirma très respectueusement.

(6) « Bon, allez tuer un millier d'hommes, et vous êtes assuré de la Grande Joie », dit-il.

(7) « Si c'est votre ordre, moi, je ne crois pas pouvoir tuer même une seule personne », répondit-il.

(8) « Pourquoi alors m'avez-vous promis d'obéir à tout ce que je dirais ? »

(9) « Sachez bien que l'homme ne fait rien autre que ce qu'il lui plaît, ajouta-t-il. Si c'était plaisant pour vous, vous tueriez un millier d'hommes pour pouvoir entrer dans la Grande Joie. Mais vous ne pouvez pas tuer, même une seule personne, parce que vous n'avez aucun karma qui vous le permette. Ce n'est pas par votre bonne volonté que vous ne tuerez pas. Vous tuerez des centaines ou des milliers d'hommes sans le savoir, ni le vouloir. »

(10) « Croire bien ou mal d'après notre jugement est une ignorance complète de la Grande Volonté. » Il s'est expliqué ainsi.

(11) Il y avait un homme captif d'une idée lamentable. Il dit : « La Grande Volonté sauve celui qui fait le Mal » ; et il fit des maux de sa préférence pour pouvoir entrer dans le Pays de la Grande Joie par ce karma. (12) Le maître Sinran l'ayant entendu écrivit simplement à cet homme : « Si vous avez des médicaments, vous n'avez pas besoin de boire de poison. » Cela, c'est sauver sa mauvaise conception, mais cela ne veut pas dire que le Mal met obstacle au chemin de la Grande Joie.

(13) Si l'obéissance aux commandements, l'observance des règlements sont seules les moyens de croire en la Grande Volonté, comment pourrions-nous nous sauver de ce cadre de la vie éphémère ? Nous autres dont toute action est si pitoyable et peu importante, une fois rencontrés avec la Grande

Volonté, nous devenons tout fiers de notre existence.

(14) On ne peut jamais faire même un seul mal sans karma.

(15) Pêcher dans la mer ou dans la rivière, à la ligne ou au filet, chasser dans les montagnes ou à la campagne des bêtes sauvages ou des oiseaux sauvages, pour gagner sa vie, est pareil à un métier tel que celui des marchands ou des paysans qui cultivent les champs. On fait tout ce que le karma vous oblige à faire, ainsi dit le maître.

(16) Quelques-uns aujourd'hui, prétendant avoir une connaissance approfondie de la Grande Joie, croient que les « honnêtes gens », seuls, font le Némboutsou, ou affichent dans les salles de lecture : « Défense d'entrer à qui fait telle ou telle chose, etc... ».

Ils prétendent être honnêtes, superficiellement, et cachent leur ignorance la plus profonde.

(17) Si l'on commet un mal à cause de sa trop grande fierté de la Grande Volonté, c'est aussi par karma.

(18) Abandonner toute votre idéologie conventionnelle, se confier et laisser karma tout faire, soit le Bien, soit le Mal, mais avoir toute confiance en la Grande Volonté : c'est la *Voie Facile*.

(19) Il est dit dans « Yuisinsyô » que « c'est pitoyable de regarder ces gens qui disent qu'ils ont commis trop de maux pour être sauvés, et qui s'enferment dans un abîme de désespoir, volontairement eux-mêmes, sans savoir combien est grande la puissance surnaturelle de la Grande Volonté ».

(20) Etre très fier de la Grande Volonté est même indispensable pour avoir la croyance en la Voie Facile.

(21) Si l'on pouvait croire en la Grande Volonté après avoir abandonné tous les désirs et passions

aveugles, cela serait très juste. Mais si l'on abandonnait tous les désirs et passions, on serait déjà
un bouddha : la Grande Volonté est inutile pour
un bouddha. (22) Ceux qui reprochent aux autres
d'être trop orgueilleux de la Grande Volonté, sont
aussi munis de désirs et de passions aveugles, et
alors ils sont aussi fiers de la Grande Volonté.

(23) « Quel est le Mal qui s'appelle l'Orgueil de
la Grande Volonté ? »

« Quel est le Mal qui n'est pas d'orgueil ?
Quelle naïveté ! »

(Etre fier, soit par amour-propre, soit par la
croyance en la Grande Volonté, est toujours mal.
Tout orgueil est mal; tout mal est orgueil.

(Il est lamentable d'entendre quelques-uns dire
qu'ils sont contents d'eux-mêmes parce qu'ils ne
sont pas fiers. En réalité, ils sont très fiers de leur
humilité. De même, ceux qui sont contents de
n'avoir fait aucun mal; ils ignorent complètement
que leur morale est une commodité. Etre fier de
ce qui n'existe qu'en imagination, l'humilité ou
la morale sur laquelle on insiste, est dangereux et
criminel.

(De même, tous ceux qui se croient honnêtes,
humbles, charitables, fraternels sont pitoyables.

(Agir humblement, faire une bonne action,
remercier mille fois en paroles ou en actes, et
être content de tout cela, est considéré comme
insignifiant dans le bouddhisme. Nous faisons tous
du bien quand cela nous plaît.

(Donnons un sou à un mendiant. S'il ne nous
remercie pas, mais s'il nous insulte scandaleusement de la petitesse de cette aumône, nous sommes
fâchés au lieu d'être contents, car nous attendions
ses remerciements. A vrai dire, c'était une transaction, mais pas une bonne action. Nous avions
l'intention d'acheter pour un sou inconsciemment
une sensation agréable. A défaut d'argent, ou dans

des conditions matérielles différentes, nous ne donnerions rien.

(Toutes ces bonnes conduites sont donc apparentes et dépendantes; ce n'est jamais une bonne volonté absolue. C'est de la sympathie sentimentale, superficielle, capricieuse, mélangée plus ou moins de vanité et de fantaisie. C'est conditionné et limité. C'est ce que n'importe qui peut faire dans les mêmes conditions. Si c'était une volonté absolue, il faudrait donner tout ce qu'on possède sans la moindre arrière-pensée, son sang ou sa vie. Si le mendiant acceptait votre offre, vous devriez en lui, remercier très profondément la Grande Volonté de son existence, de la vôtre, de ce que vous lui avez donné.

(Le sentimentalisme est inutile et nuisible, d'après le bouddhisme, car c'est un individualisme qui nous enseigne à être moral en profitant de notre amour-propre.

(Le peuple qui est toujours trop simple pour comprendre la vraie signification profonde du terme : « Connais-toi toi-même », peut observer cette « morale » aux conditions convenables, mais en même temps se croit honnête et devient fier de sa moralité. C'est là le danger. Le peuple ignore que la nécessité d'une telle morale a son origine dans notre malhonnêteté profonde dont le déracinement complet est impossible.)

Chapitre XIV

(1) Il est dit que l'on peut supprimer par un seul Némboutsou des péchés nombreux. (2) C'est dire que les gens les plus malhonnêtes qui, enseignés sur la Grande Volonté par une personne connaissant la Loi, font le Némboutsou pour la première fois au dernier moment de leur vie même,

peuvent supprimer leurs péchés nombreux, et s'ils
le répètent dix fois, ils peuvent même supprimer
encore dix fois plus de péchés. (3) C'est simplement pour enseigner l'insignifiance de nos dix
grands maux et des cinq grands péchés par rapport
à la grande puissance du Némboutsou, qu'on dit
qu'un seul némboutsou ou dix némboutsou sup-
priment les péchés innombrables ou infinis. C'est
un enseignement rudimentaire. C'est plutôt pour
les débutants ou pour les gens simplistes que pour
nous autres.

(4) Chez nous autres, une fois éclairés par la
Lumière d'Amida, l'intention de faire Némboutsou nous vient lorsque la croyance solide et sublime
est établie, nous sommes déjà enveloppés dans la
Miséricorde Infinie, et lorsque nous quittons la vie
éphémère, Amida transforme tous nos désirs et
passions aveugles en vrai bonheur parfait et
éternel et invariable. (5) Sans cette Grande
Volonté, c'est impossible de nous sauver de ce
cadre étroit de la vie éphémère. (6) Car nous
croirons que tout Némboutsou que nous ferons pendant toute la vie est pour remercier la Grande
Reconnaissance d'Amida. (7) Croire que nous
rachetons nos fautes par chaque Némboutsou,
c'est être fier de notre capacité imaginative de
faire notre conduite propre et de racheter nos
fautes avec celle-ci, pour aller à la Grande Joie.

(8) Tout ce que nous faisons ne dépasse pas le
cadre de la vie éphémère. Faisons-nous le Némboutsou sans cesse jusqu'à la dernière respiration
pour aller à la Grande Joie. (9) Mais nous sommes
gouvernés par karma surnaturel, et nous ne savons
pas si par un accident ou par une maladie, nous
ne finirons notre vie dans une mentalité lamentable et sans faire le Némboutsou. (10) Dans ce
cas, qu'est-ce qu'on doit faire pour racheter nos
fautes pendant ces moments ? Est-il impossible

d'aller à la Grande Joie sans racheter complètement toutes nos fautes ?

(11) Si nous croyons en la Grande Volonté qui
n'abandonne personne, nous comprenons que nous
sommes sauvés dans la Grande Joie bien que nous
ne fassions pas le Némboutsou après avoir passé
une vie pleine de péchés. (12) Si vous pouviez con-
tinuer à faire le Némboutsou, appuyez-le de plus
en plus au fur à mesure que vous approchez du
dernier moment, où vous obtiendrez la vraie
croyance solide. Et ceci pour remercier la Grande
Reconnaissance d'Amida.

(13) S'efforcer pour racheter des fautes est d'une
mentalité étroite et égoïste de la Voie Difficile.
C'est l'esprit des honnêtes gens qui est inutile pour
nous autres, némboutsouistes de la Voie Facile.

Chapitre XV

(1) Arriver en la Grande Joie en maîtrisant les
désirs et les passions aveugles est très difficile
pour nous autres. (2) Vivre une vie de bouddha
avec notre corps est la raison d'être de la Secte
Singon Sacrée, et la conséquence de ces trois conduites d'austérité. La suppression des désirs et des
passions (de cinq catégories physiques et d'une
spirituelle) est le principe de la Secte Hokké, et la
gloire de ces quatre conduites spirituelles d'austérité. Toutes sont des conduites de la Voie Difficile
des honnêtes gens et des supérieurs ; c'est le perfectionnement de la sainte compréhension.

(3) Etre sauvé dans l'autre monde (après la
mort), c'est le principe de la Voie Facile, Vraie
Secte de la Grande Joie : c'est le chemin de la
croyance pour les inférieurs tels que nous autres,
où la Loi ne distingue pas le bien du mal. (Sinran
s'efforce de nous donner la connaissance complète
de notre existence éphémère, insignifiante, de

notre ignorance absolue; la connaissance de l'ignorance, la « conscience » de Sûnnya.)

(4) Il est très difficile de tuer tous les désirs et passions aveugles dans ce monde, par conséquent, les ascètes de Hokké et de Singon même ne dédaignent pas de prier pour la vie future.

(5) Nous n'avons, nous, ni conduite, ni sagesse, mais nous sommes embarqués dans le grand bateau, « Grande Volonté de Mida », qui nous transporte à travers l'océan triste de la vie et de la mort; nous arriverons à l'autre rive, la Grande Joie, où nous admirerons la lune « Conscience », qui, étant débarrassée de tout nuage de désirs et de passions aveugles, nous éclaire d'une lumière infinie et pénétrante que rien n'arrête en aucune direction et qui nous sauve tous; c'est là notre arrivée dans la Grande Joie.

(6) Qui arrive dans la Grande Joie, en cette vie, n'est qu'un Çakya-Bouddha qui peut se transformer n'importe comment, qui possède les trente-deux physionomies gracieuses et les quatre-vingts supériorités physiques, qui explique la Loi et sauve le monde. (7) C'est cela l'obtention de la sainte compréhension dans ce monde.

(8) On dit dans Wasan (hymne) : « Lorsque l'on obtient la croyance solide, l'on est sauvé pour toujours; on n'a donc pas la peine d'être tourmenté par le détour (métempsychose) à travers six étapes intermédiaires; on est en dehors de ce cadre étroit de la vie. » (9) Mais ce n'est pas vivre une vie en la Grande Joie. Si l'on confond, c'est lamentable.

(10) « La Secte Vraie de la Grande Joie nous enseigne de croire en la Grande Volonté dans ce monde et d'entrer en la Grande Joie dans l'autre monde », dit le maître Sinran.

Chapitre XVI

(1) On dit : « Lorsque les némboutsouistes se fâchent, commettent des maux, ou se disputent avec des amis inconsciemment, chaque fois ils font conversion. » Cela veut-il dire qu'ils s'efforcent de supprimer le mal et de faire le bien ?

(2) Pour les némboutsouistes, il n'y a qu'une conversion. (3) Lorsque l'étranger de la Grande Volonté, de la Vraie Secte, étant renseigné par la sagesse de Mida, apprend qu'il ne peut pas arriver à la Grande Paix par la méthode qu'il pratiquait jusqu'ici, il l'abandonne et prend la croyance approfondie dans la Grande Volonté, c'est la conversion unique.

(4) Si on devait faire conversion vis-à-vis de toute action, chaque matin et chaque soir, on mourrait sans pouvoir perfectionner la conversion, ni arriver à une mentalité paisible, et la Grande Volonté serait incapable de nous sauver théoriquement.

(5) En disant : « Je crois en la Grande Volonte », on croit au fond du cœur que « bien que la Grande Volonté soit vraie et surnaturelle, ce seront les honnêtes gens qui seront sauvés en réalité. » On doute de la Grande Volonté : on manque de foi en elle : on doit faire un détour à travers les étapes intermédiaires. C'est lamentable.

(6) Une fois que la croyance est établie, c'est Amida qui arrange tout ce qui est nécessaire pour aller à la Grande Joie. Ce n'est pas du tout notre arrangement.

(7) Bon gré mal gré, une fois que la croyance est établie, dans la profondeur de la grande puissance de la Grande Volonté, le malhonnête même devient nécessairement persévérant, et par conséquent tranquille et joyeux.

(8) En tous cas, ne nous efforçons pas de nous

prétendre sage pour arriver à la Grande Joie, mais prenons confiance absolue dans la reconnaissance de la Grande Volonté, et ceci sans cesse. (9) Alors, on peut faire le Némboutsou involontairement. (10) C'est là de toute spontanéité. Ce qu'on fait sans aucune arrière-pensée, c'est la Grande Volonté qui l'inspire. (La philosophie de Sinran, Sûnnya, c'est la philosophie de la spontanéité.)

(11) Quelques-uns disent qu'ils s'occupent exclusivement de la spontanéité, comme si c'étaient eux seuls qui savent la spontanéité. C'est pitoyable.

Chapitre XVII

(1) Quelques-uns disent que les gens qui descendent dans les étapes intermédiaires tombent enfin dans l'Enfer. (2) Mais il n'y a aucun document sacré qui le confirme. C'est triste que des savants disent de telles choses. (3) Comment étudient-ils des livres justes et des documents exacts ?

(4) Il est dit en fait que « les ascètes qui manquent de croyance, doutent de la Grande Volonté, et tombent dans le Héndi (une étape intermédiaire), rachètent leurs fautes, et enfin arrivent dans la Grande Joie. »

(5) Comme il y a peu de gens qui ont la croyance approfondie, beaucoup sont envoyés aux étapes intermédiaires. Si l'on dit que ceux-là sont abandonnés à l'Enfer, c'est blasphémer Amida.

Chapitre XVIII

(1) Dire que la valeur ou la quantité de l'offrande différencie la nouvelle vie comme bouddha dans la Grande Joie n'est pas vrai. (2) La vie nouvelle, la vie de bouddha est toute pareille. (3) Si l'on exprime la grandeur de la taille du maître boud-

dha de la Grande Joie, c'est seulement par un pieux artifice.

(4) Une fois la connaissance de la Grande Volonté établie, la forme n'est pas importante; la coloration bleue, jaune, rouge, blanche ou noire est indifférente, parce que l'on considère toute existence au point de vue de Nature Intime. (Voir la *Science Chinoise* et *Mahâ prajña parâmitâ hridaya Sûtrâ*.) On n'a pas besoin de distinguer ou de définir la grandeur illusoire.

(5) On dit que l'on voit l'illusion de bouddha en faisant la contemplation. On pourrait dire probablement que l'on verra la grande illusion de bouddha dans une longue contemplation, et la petite dans la moindre contemplation. (6) C'est peut-être donc par ce raisonnement qu'on se trompe (de croire que l'offrande différencie la nouvelle vie), (7) ou par la conduite de dânapâramitâ (conduite qui consiste à offrir tout ce qu'on possède). (8) Si l'on manque de croyance, toute aumône et toute offrande perdent toute signification. Si l'on croit profondément en la Grande Volonté, on correspondra à la raison d'être de Grande Volonté, sans offrir ni une feuille de papier, ni un sou même.

(9) Ou bien cela (dire que l'offrande différencie la nouvelle vie..., etc.) sera la parole de celui qui dans un but intéressé veut utiliser le bouddhisme.

APPENDICE

(1) Tous ces malentendus dépendent de la croyance. (2) Le maître Sinran racontait qu'il n'y avait pas beaucoup de disciples qui avaient la même fermeté de croyance parmi tant de disciples qui s'approchaient du maître Hônén; que le maître Sinran un jour discutait avec ses amis.

(3) Le maître Sinran dit : « Ma croyance et celle de notre maître Hônén sont égales. »

(4) Les disciples, tels que Seikanbô, Némbout-soubô, lui objectaient : « Comment la croyance de Sinran peut-elle être égale à celle de notre maître?» (5) et Sinran s'expliquait en disant : « Si je disais que ma « connaissance » est égale à la sagesse infinie de notre maître, ce serait faux. Mais je dis que ma croyance en la Grande Joie (la « conscience » de Sûnnya) est absolument sem-blable à celle de notre maître. »

(6) « C'est impossible », disaient les autres.

(7) Enfin ils se présentaient au maître Hônén et lui demandaient de juger.

(8) Le maître Hônén dit : « Ma croyance est donnée par Amida, celle de Sinran est aussi donnée par Amida. Il n'y a aucune différence entre elles. Si quelques-uns ont une croyance différente de la mienne, ils n'arriveront jamais à la Grande Joie, où moi, Genkû, arrive. »

(9) Sachons, nous, qu'il y avait même parmi les némboutsouistes, à ce temps-là, quelques-uns qui comprenaient mal la croyance.

(10) Je le répète, bien que ce soit inutile. (11) Moi, autant que ma vie dure, ma vie déjà âgée, tremblante comme la dernière feuille d'herbe, je continuerai à expliquer tout ce que je sais à mes amis, d'après ce que j'écoutais auprès de mon maître. Mais je crains qu'il n'y ait une foule de malentendus et de désordres quand mes yeux seront fermés pour toujours. C'est là pourquoi j'écris ces lignes.

(12) Si vous êtes fourvoyés par ces gens, regardez bien les livres et les documents que notre maître nous a recommandés.

(13) D'une manière générale, il y a dans l'enseignement la vérité et le pieux artifice. (14) Prenez la vérité et ne vous occupez pas des moyens provisoires. C'est le souhait de notre maître. Ne faites pas de lecture superficielle.

(15) J'ajoute encore quelques lignes de documents précieux pour vous servir de guide. (16) Le maître dit ceci : « J'ai contemplé longuement et j'ai enfin compris que toute la Volonté Eternelle de Mida fut établie tout à fait pour moi, tout seul ; c'est pour me sauver de karma. Quelle bonté ! » C'est pareil à la parole de Zendô ; (17) il dit : « Que je sache ! Je suis homme médiocre, malhonnête et méprisable qui coule, qui erre ça et là comme les poussières dans la rivière, sans pouvoir sortir jamais de la vie de souffrance. »

(18) Le maître Sinran nous a montré lui-même comme un type pour nous faire connaître que nous nous fourvoyons à mi-chemin de la croyance, ignorant de nos maux et de la reconnaissance de Mida.

(19) En effet, nous discutons toujours notre supériorité sans réfléchir à la grâce de Mida.

(20) Le maître Sinran dit encore : « Je ne sais ni Bien, ni Mal. (21) Si je pouvais connaître tout le Bien que sait Mida, je pourrais dire alors que je connais le Bien. Si je pouvais connaître tout le Mal que Mida condamne, je pourrais dire que je connais le Mal, (22) mais je ne suis en réalité qu'un homme médiocre. Que sais-je ? Je ne sais rien. »

« Dans ce monde fragile et éphémère (de la « connaissance » du « moi » petit), tout est erreur. Il n'y a rien de vérité. C'est le Némboutsou qui est seul vrai. »

(23) Parmi tant de bêtises qu'on peut faire, celle qui est très triste (24) est d'insister sur quelque chose étranger aux paroles de notre maître, en enseignant ou en discutant la croyance ou le Némboutsou.

(25) Comprenez ceci, jusqu'au fond. Je vous en prie.

(26) Ce n'est pas la peine que je dise ceci, moi

qui ne connais rien de ce que les livres signifient
profondément, ni la profondeur de tout l'enseignement des documents sacrés. Excusez-moi. (27) J'é-
cris tout simplement un peu de ce que ma mémoire
me dicte des paroles de notre maître. (28) C'est
triste d'aller à Héndi (étape intermédiaire), au
lieu d'aller à la Grande Joie tout directement,
même si l'on a appris le Némiboutsou.

(29) Souhaitant que nos amis de la même école
soient tous pareils dans la croyance unique, j'écris,
noyé de larmes, ces lignes. (30) Je les nomme
« Tannisyô » (Regret de la Croyance étrangère);
ne les montrez pas aux autres.

ANNEXE

C'était sous le règne de l'empereur Gotobain (XIIᵉ siècle) que Hônén prêchait la Secte Vraie de Némboutsou de la Grande Volonté, la pratique facile.

Quelques-uns de ses disciples étaient très passionnés. Les adversaires, moines de Kohoukou-zi (de Nara, ville du Sud), en profitèrent pour empêcher le progrès de la doctrine ; ils firent arrêter et condamner Hônén et ses disciples par leurs calomnies. Il en résulta :

Hônén, à 76 ans, fut exilé à Hakata-de-Tosa (dans l'île de Sikokou), sous le nom maudit de Houjii-Motohiko.

Sinran, à 35 ans, fut exilé à Etigo, sous le nom maudit de Hujii-Zénsin.

Zyômon-bô, à Bingo ; Tyôsei-Zénkô-bô, à Hôki ; Kôkakou-bô, à Idu ; Gyôkou-Hôhon-bô, à Sado ; Kôzei-Zyôgakou-bô et Zén'aku-bô furent confiés aux soins de l'évêque Zéndai grâce à la bonté de celui-ci.

Seii-Zénsyaku-bô fut condamné à mort, ainsi que Seigan-bô, Zyûrén-bô et Anraku-bô.

Toutes ces sentences furent signées par Nii-Hôin-Takanaga, le gouverneur.

Sinran fut privé de son rang bouddhiste et on lui donna un nom laïque. Il n'était plus moine, ni laïque, car sa tête était rasée (selon la règle bouddhiste). Il se nomma lui-même depuis : « Toku » (Tête rasée), ou « Goutokou » (Tête rasée ignorante Homme médiocre).

APPENDICE II.

Le Secret
de la « Conscience parfaite »

(Mahâ prajnâ pâramitâ hridayâ sûtrâ)

Note du traducteur

C'est le secret suprême de la philosophie du bouddhisme.

Si on comprenait ce secret, on n'aurait pas besoin d'étudier tous les livres très nombreux traitant du bouddhisme.

Même connaissant tous ces livres nombreux, on est tout profane dans le Bouddhisme si on ne le comprend pas.

Il est très difficile à déchiffrer. Peu de personnes l'ont compris. Notamment toutes les traductions japonaises de Dhâranî (Mantra) que j'ai rencontrées jusqu'ici étaient incompréhensibles.

VOCABULAIRE

Çûnya : « Taikyoku », « l'Univers-éther », « l'Univers vrai », ou quelque chose comme « υλη ». (Voir la théorie de l'Etre et la théorie de la connaissance d'Extrême-Orient : chapitres I et II.)

Conscience ou la « Conscience Parfaite » : la conscience qui reconnaît le monde des êtres dans l'Univers de Çûnyatâ.

Avalokitesvara Bodhi Sattva : Bouddha contemplant le monde physique et spirituel tout entier à son gré, personnifiant la « Conscience parfaite ».

Sariputra : disciple célèbre de Çakya-Mouni Représentant « l'Instinct-Intuition » (toujours d'après la théorie de l'Etre et la théorie de la connaissance d'Extrême-Orient).

Dharma : toute existence dans Çûnyatâ, l'Univers vrai, à la fois extérieure et intime, c'est-à-dire tous les êtres, la nature intime et la Loi qui les unifie. (Voir le tableau de la cosmologie d'Extrême-Orient.)

Skandha : cinq agrégats qui forment le monde ; le monde est considéré dans la philosophie bouddhiste comme résultant de cinq agrégats : les « phénomènes physiques », la « sensation » qui les aperçoit, la « pensée » qui naît d'elle, les « vouloirs » qui se dégagent de la pensée et la « connaissance » qu'on obtient par ces derniers. (La théorie d'origine des phénomènes physiques correspond à la polarisation des deux activités dans l'In'yologie. On a suivi le développement de la pensée, des phénomènes jusqu'à la connaissance ; on y voit nettement la tendance idéaliste du bouddhisme à la différence de celle scientifique de l'In'yologie.)

Le Secret
de la « Conscience parfaite »

(Mahâ prajnâ pâramitâ hridayâ sûtrâ)

Avalokitesvara-bodhi-sattva, ayant longuement expliqué à Sariputra le secret de la « conscience parfaite » qui sauve le monde de toute souffrance, démontra que Skandha tout entier est de Çûnya ; et il conclut: « Sariputra, les « phénomènes physiques » sont ainsi de Çûnya. Çûnya s'exprime en phénomènes. Les phénomènes sont donc Çûnya ; Çûnya est les phénomènes. De même, la « sensation », la « pensée », les « vouloirs » et la « connaissance » ne sont autre chose que Çûnya.

» Sariputra, toute Dharma est une propriété de Çûnya. Il ne naît, ni ne disparaît. Il ne peut être vicié, ni purifié ; il n'augmente, ni diminue. Car il n'y a en l'Univers vrai aucun phénomène, ni sensation, ni pensée, ni vouloirs, ni connaissance. La vue, l'ouïe, l'odorat, la langue, le corps et l'esprit, tous y sont inutilisables ; les phénomènes visuels, les sons et les paroles, l'odeur, le goût, la sensation et la morale n'existent pas. Du monde visible au monde moral et spirituel rien donc n'existe non plus.

» Il n'y a en Çûnya aucune obscurité : en même temps il n'y a pas la fin de l'obscurité. De même, ni le vieillissement ni la mort ; et en même temps il n'y en a pas la fin.

» Il est donc impossible que la souffrance existe dans Çûnya, ni ses causes, les vouloirs ; ni Nirvana, ni la voie pour y arriver. Ni savoir, ni non-savoir, parce qu'il n'y a aucun avoir.

» Bodhisattva qui a la « conscience parfaite »

est libre de tout doute et de toute hésitation. Il n'a aucune peur parce qu'il n'a aucun doute, ni hésitation. Il est donc libéré de tous les désirs aveugles, de tous les rêves, et gagne Nirvâna.

» Tous les bouddha des trois mondes arrivent à la « conscience suprême de Çûnya » par la « conscience parfaite ».

» Nous avons ainsi compris que le secret de la « conscience parfaite » est le grand secret divin, qu'il est le secret splendide, qu'il est le secret sans pareil, qu'il est le secret unique et suprême ; qu'il supprime toute souffrance. Il est vrai ; il n'est pas faux.

» Car nous méditons et adorons ce secret, comme Mantra, de la « conscience parfaite » ; le voici :

Tous arrivent
Aux rives d'au delà,
Tous ensemble,
Par la conscience
Parfaite et adorable.

George Rodenbach

Je ne connais pas encore assez les auteurs philosophiques, scientifiques et littéraires occidentaux pour savoir quels sont ceux dont l'esprit est le plus proche par ses conceptions de l'univers et de l'esprit oriental. J'ai seulement rencontré par hasard un poète G. Rodenbach dont tout l'œuvre paraît se rattacher à une idée simple bien proche de celle de la conscience de l'Etre telle que nous avons étudiée jusqu'ici. Surtout dans son poème « Aquarium Mental », nous voyons écrit Taikyoku, Sûnnya, l'univers vrai, immobile et mobile, transparent et opaque, en dehors du temps et de l'espace, autant que l'on puisse par des mots traduire des qualités inconnues au niveau de la vie physique :

L'aquarium est si bleuâtre, si lunaire ;
Fenêtre d'infini, s'ouvrant sur quel jardin ?
Miroir d'éternité dont le ciel est le tain.
Et jusqu'à quel recul va-t-elle prolongeant
Son azur ventilé par des frissons d'argent ? (IV)
Dans ce bassin opaque où s'exila leur sort,
— Lieu qui n'est plus la vie et qui n'est pas la
[mort ! (VI)
L'aquarium d'abord ne semble pas vivant,
Inhabité comme un miroir dans un couvent ;
Crépuscule où toujours se reforme une brume ;
Il dort si pâlement qu'on le croirait posthume
Et que les reflets noirs qui viennent et s'en vont
Ne sont qu'ombres sans but sur le lit mortuaire
Et jeux furtifs de veilleuse sur le plafond. (IX)

TABLE DES MATIÈRES

Quelques Centres Macrobiotiques dans le monde

Allemagne	Macrobiotic Center of Berlin, Schustherusstr, 26 – D1000 BERLIN 10
Angleterre	East-West Foundation, 188 Old Street –LONDON EC1V, 8 BP
Argentine	Macrobiotica Universal, Paraguay 858 – 1057 BUENOS AIRES
Belgique	Den Teepot, 66 rue des Chartreux – 1000 BRUXELLES Centre Kimura, Predikherenlei 12 – 9000 GENT Oost-West Centrum, Conscience St. 44 – 2000 ANTWERPEN Hôtel Ignoramus, Stationsstraat 121 – B-3665 AS
Brésil	Institute Principio Unico, Plaça Carlos Gomez 60, 1ᵉʳ Andar, Liberdade – SÃO PAULO
Espagne	Vincent Ser, 2 General Mola-Olivar 1 – 46940 MANISES, Valencia
France	CIMO (Centre International Macrobiotique Ohsawa), 8 rue Rochebrune – 75011 PARIS Cuisine et santé macrobiotique, Pont de Valentine – 31800 ST GAUDENS Terre et partage, 4 place de l'Eglise – 67140 REICHSFELD
Guadeloupe	Michèle Weinsztok, Centre macrobiotique, 58 rue Frébault – 97110 POINTE A PITRE
Grèce	Centre Macrobiotique Hellénique, Vatatzi 25 – 11472 ATHENES
Hollande	Oost-Wes Centrum, Weteringschans 65 – 1017 RX AMSTERDAM
Italie	Un Punto Macrobiotico, via Nazionale 100 –62100 SFORZACOSTA
Israël	Macrobiotic Jerusalem, P.O. 618 – JERUSALEM 91006
Japon	Nippon C.I., 11-5 Ohyamacho, Shibuya-Ku – TOKYO 151 Osaka Seishoku, 2-1-1 Uchiawaji-Cho, Chuo-Ku – OSAKA 540

Liban	MACRODETTE (AGHAJANIAN), rue Saffine – Achrafieh – BEYROUTH
Luxembourg	Hubert Descamps, « La Moisson », rue Kettenhouscht – L-9142 BURDEN
Portugal	Carlos Ricardo Cortegaça – 2715 PERO PINHEIRO
Suède	Västergötlands Makrobiotiska Förening, Björklyckan, Hössna, S-523 97 – ULRICEHAMN
Suisse	International Macrobiotic Institute – 3723 KIENTAL Le Grain de Vie, 9 chemin sur Rang – 1234 PINCHAT (Canton de Genève)
Tchécoslovaquie	Makrobioklub, Mlynská 659 – 518 01 DOBRUSKA
Uruguay	Mauricio Waroquiers – Sierra Vista – CC 52080 – (2000) MALDONADO
USA	Kushi Institute, P.O. Box 7 – BECKET, MA 01223 G.O.M.F., 1511 Robinson St. – OROVILLE, CA 95965
Vietnam	Ohsawa House, 390 Dien Bien Phu, Binh Thanh, Thanh Pho, HO CHI MINH
Serbie	Srecko Milicevic, Custendilska 30 – 11060 BELGRADE